网店运营实战

主　编　杨　韧　　芦丹丹　　聂凯庆

副主编　王凌雪　　廖海清　　王　芳　　傅登继

参　编　吕　品　　曹静雅　　苏　攀　　任　庆

　　　　刘　勇

北京理工大学出版社
BEIJING INSTITUTE OF TECHNOLOGY PRESS

内 容 简 介

本书以运营网络店铺为项目导向，系统地介绍了网络店铺运营中各个岗位的职责、分工与任务，带领读者系统地学习网店运营全流程的知识与技能，包括网店开设、商品拍摄、美工视觉、数据运营、直播技巧、客户服务等实战技能，旨在为读者提供一本既符合时代要求又具有实际操作指导意义的图书，引导读者树立正确的电商观念，为国家的数字经济发展贡献力量。

本书适合作为社会从业人员自学网店运营的参考书。

图书在版编目（CIP）数据

网店运营实战 / 杨韧, 芦丹丹, 聂凯庆主编.
北京：北京理工大学出版社, 2025. 1.
ISBN 978-7-5763-4800-2

Ⅰ. F713.365.2

中国国家版本馆CIP数据核字第2025XT0844号

责任编辑：徐艳君　　文案编辑：徐艳君
责任校对：周瑞红　　责任印制：施胜娟

出版发行 / 北京理工大学出版社有限责任公司
社　　址 / 北京市丰台区四合庄路 6 号
邮　　编 / 100070
电　　话 / （010）68914026（教材售后服务热线）
　　　　　 （010）63726648（课件资源服务热线）
网　　址 / http：//www.bitpress.com.cn

版 印 次 / 2025 年 1 月第 1 版第 1 次印刷
印　　刷 / 定州启航印刷有限公司
开　　本 / 787 mm×1092 mm　1/16
印　　张 / 14.5
字　　数 / 281 千字
定　　价 / 89.00 元

前言

Preface

党的二十大报告明确指出:"加快发展数字经济,促进数字经济和实体经济深度融合,打造具有国际竞争力的数字产业集群。"这一重要论述为电子商务的发展指明了方向,也为网店运营提供了广阔的空间。网店运营作为数字经济的重要组成部分,其发展水平不仅关系到企业的经济效益,更关系到国家的经济发展和社会进步。

随着信息技术的快速迭代,电子商务正进入密集创新和全面渗透的新阶段,成为拉动我国消费需求、促进产业升级、提升服务质量的重要引擎,释放着巨大的潜力。电子商务的应用模式不断创新,平台电商、社交电商、直播电商推陈出新。但是有一个共同的核心工作,就是网店运营。在电商行业,对于懂运营、善推广的实战人才需求量巨大,不仅要求他们具备扎实的专业技能,更需要他们拥有高度的责任感和使命感,以符合新时代对电商人才的新要求。

在此背景下,本书以运营网络店铺为项目导向,系统地介绍了网络店铺运营中各个岗位的职责、分工与任务,带领读者系统地学习网店运营全流程的知识与技能,包括网店开设、商品拍摄、美工视觉、数据运营、直播技巧、客户服务等实战技能,旨在为读者提供一本既符合时代要求又具有实际操作指导意义的图书,引导读者树立正确的电商观念,为国家的数字经济发展贡献力量。本书适合作为社会从业人员自学网店运营的参考书。

本书主要具有以下特色:

一是以工作项目为导向,注重实用。本书紧密结合网店运营的实际工作,以工作项目为导向,通过精心设计的项目内容,系统讲解了一套行之有效的店铺运营方法。每一个项目都紧扣网店运营的必要环节,注重实用性,旨在培养读者的实际运营能力。

二是以任务驱动为抓手,激发兴趣。为了激发读者的学习兴趣和积极性,本书以任务为驱动,这些任务贴近真实工作过程,示范了大量行业典型工作任务的实施过程,让读者掌握网店运营的实际操作技能,激发读者的学习兴趣。

三是以数字资源为依托，直观易学。为了方便读者学习和使用，本书提供了丰富的立体化数字资源，包括微课视频、操作录屏、拓展资料、习题等，这些数字资源既有在线课程同步观看的功能，也提供学习素材的下载服务，方便读者随时随地学习和复习。直观易学的形式有助于提高读者的学习效率和兴趣。

由于时间仓促，不足之处在所难免，欢迎读者提出宝贵意见，以便我们进行修改和完善，在此深表感谢！

编　者

目 录
Contents

项目一

店铺的注册与开通

项目综述

2022年，中央一号文件提出实施"数商兴农"工程，中央把握农村电商发展规律和趋势，发展农村电商的工作思路逐步明确。"十四五"时期，数字化生活消费方式变革将重塑农村市场，农村电商生态要素将加速整合，农村电商对农业生产和农村消费的巨大潜能将加速释放，成为推动乡村振兴取得新进展、农业农村现代化迈出新步伐的重要引擎。

近年来，江西农村电商规模大幅提升，高速增长。据监测，农村宽带接入用户数超过1.9亿，5G网络基本实现乡镇级以上区域和有条件的行政村覆盖，农业生产信息化率达到26.5%，到2023年年底农产品电商网络零售额突破5800亿元，全国具备条件的新型农业经营主体建档评级基本全覆盖。

越来越多能吃苦、有文化、有特长的年轻人返乡创业，带动引领更多农民参与其中，将质优的"农货"变成了紧俏的"网货"，走出了一条新的致富之路。

让我们一起走进项目一，学习店铺的注册与开通，投身家乡的"数商兴农"工程吧！

知识目标

1. 掌握店铺的类型；
2. 掌握店铺的命名规则；
3. 掌握店铺的注册流程。

技能目标

1. 能完成个人和企业账号的注册；
2. 能开通个人和企业淘宝店铺；
3. 能区分个人店铺和企业店铺。

情感目标

1. 培养学生自主探究的学习精神及信息处理能力；
2. 激发学生振兴乡村的精神；
3. 培养学生爱岗敬业、实践创新的专业品质。

任务一 个人店铺的注册与开通

任务描述

然然从中职电子商务专业毕业后，回到家乡，准备利用网络平台开通个人店铺，销售家乡的产品，于是然然开始着手个人店铺的注册与开通工作。

注册个人店铺需要的个人信息如表 1-1-1 所示。

表 1-1-1 个人信息

姓名	陶然	英文姓名	Tao Ran
性别	女	邮箱	taoran@163.com
手机号	15155670000	电话	0571-43312590
证件号	310000199903033117	职业	不便分类的其他从业人员
联系地址	江西省景德镇市陶然路 888 号	证件有效期	2025 年 3 月 3 日
会员名	陶然家居	主营类目	家居
银行卡号	6222600810010710887	持卡人姓名	陶然
常用地址	江西省景德镇市陶然路 888 号		

任务准备

开通淘宝个人店铺需要准备的材料

需准备好身份证（图 1-1-1）和人像半身照等相关资料。

图 1-1-1　身份证正反面

任务实施

开通淘宝个人店步骤

步骤一：注册个人资金账号

（1）创建账户（图 1-1-2）。

图 1-1-2　创建账户

（2）设置登录密码（图 1–1–3）和身份信息（图 1–1–4）。

图 1–1–3　设置登录密码

图 1–1–4　设置身份信息

（3）设置支付方式（图1-1-5）。

图1-1-5　设置支付方式

（4）注册成功（图1-1-6）。

图1-1-6　注册成功

步骤二：注册个人卖家账号并绑定资金账号

（1）设置用户名（图1-1-7）。会员名一旦设置，无法修改。

图1-1-7　设置用户名

（2）填写账号信息（图1-1-8）。

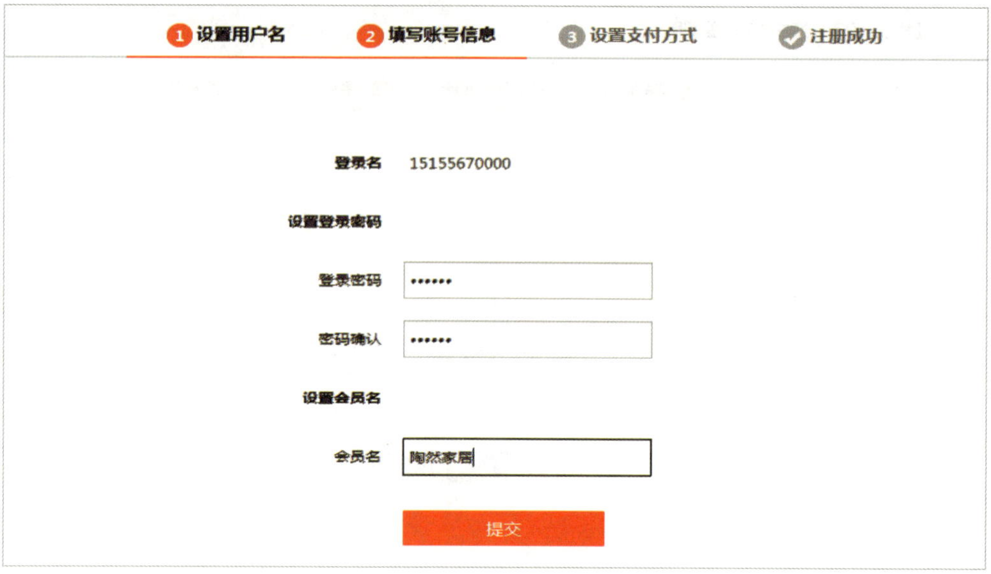

1 设置用户名　2 填写账号信息　3 设置支付方式　✔ 注册成功

登录名　15155670000

设置登录密码

登录密码　••••••

密码确认　••••••

设置会员名

会员名　陶然家居

提交

图1-1-8　填写账号信息

（3）设置支付方式（图1-1-9）。

注册个人卖家账号并绑定资金账号

1 设置用户名　2 填写账号信息　3 设置支付方式　✔ 注册成功

银行卡号　6222600810010710887

持卡人姓名　陶然

证件　身份证 ▾　310000199903033117

手机号码　15155670000　获取校验码

123456

同意协议并确定

图1-1-9　设置支付方式

（4）资金账号绑定设置（图 1-1-10）。

图 1-1-10　资金账号绑定设置

（5）资金账号绑定成功（图 1-1-11）。

图 1-1-11　资金账号绑定成功

步骤三：注册个人卖家账号并认证

（1）选择开店类型（图 1-1-12）。

图 1-1-12　选择开店类型

（2）阅读开店须知（图 1-1-13）。

图 1-1-13　阅读开店须知

（3）申请开店认证（图 1-1-14 ~ 图 1-1-17）。

图 1-1-14　上传身份证

图 1-1-15　身份认证

图 1-1-16　手机认证

图 1-1-17　通过认证

（4）店铺创建完成（图 1-1-18）。

图 1-1-18　店铺创建完成

任务二　企业店铺的注册与开通

任务描述

　　然然入职了家乡的家居销售企业，该企业计划通过线上销售，进一步拓展业务。因此，运营主管让然然负责企业店铺的注册与开通。企业店铺的注册与开通需要的企业信息如表 1-2-1 所示。

表 1-2-1　企业信息

企业名称	江西陶然家居有限公司	单位类型	企业
社会信用代码	51370181MJD77253XC	法人代表	陶然
开户银行	中国工商银行	企业对公账号	622202221555454545
开户行地址	景德镇	邮箱	taoran@163.com
企业电话	0539-4338200	企业手机	17368920924
开户银行支行	中国工商银行景德镇分行		

任务准备

开通企业店铺所需材料

需准备企业相关证件（图 1-2-1）、企业法人的半身照（图 1-2-2）和企业对公银行账号等相关资料。

图 1-2-1　企业营业执照

图 1-2-2　半身照

任务实施

步骤一：注册企业资金账号

（1）创建账户（图1-2-3）。

图1-2-3 创建账户

（2）填写基本信息（图1-2-4）。

图1-2-4 填写基本信息

（3）填写企业实名信息（图1-2-5和图1-2-6）。

图1-2-5　填写企业实名信息

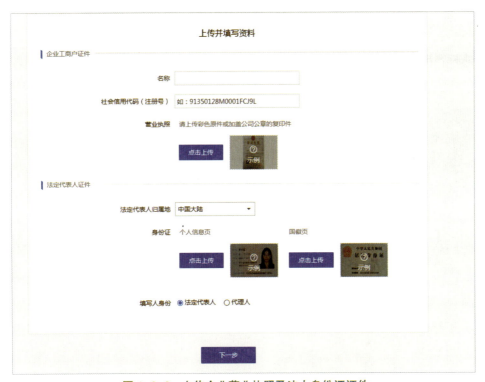

图1-2-6　上传企业营业执照及法人身份证证件

（4）认证成功（图 1-2-7）。

图 1-2-7 认证成功

步骤二：注册企业卖家账号并绑定资金账号

（1）设置用户名（图 1-2-8）。

图 1-2-8 设置用户名

（2）填写账号信息（图1-2-9）。

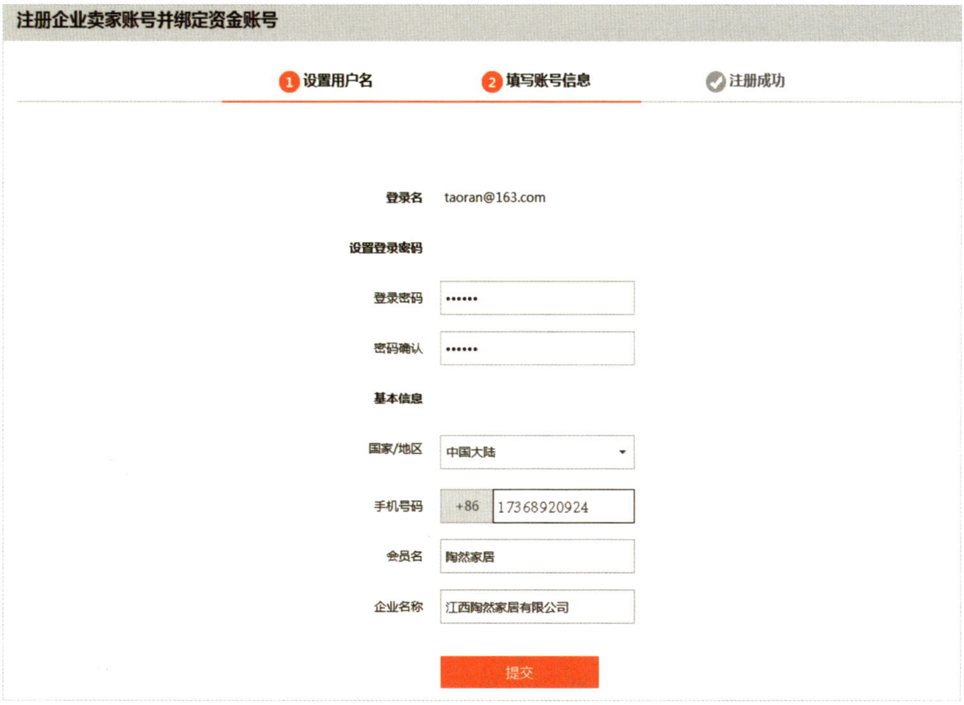

图1-2-9　填写账号信息

（3）注册成功（图1-2-10）。

图1-2-10　注册成功

步骤三：注册企业卖家账号并认证

（1）选择开店类型（图1-2-11）。

图 1-2-11　选择开店类型

（2）企业卖家账号认证（图1-2-12）。

图 1-2-12　企业卖家账号认证

（3）企业店铺创建成功（图1-2-13）。

图 1-2-13　企业店铺创建成功

小贴士

1. 淘宝会员名、淘宝店铺名及域名的取名规则

依据国家相关规则，淘宝会员名、淘宝店铺名及域名不得包含以下信息：

（1）同中华人民共和国的国家称号、国旗、国徽、军旗、勋章相同或者近似的，以及同中央国家机关所在地特定地点的称号或者标志性建筑物的称号、图形相同的。

（2）有害于社会主义道德风气或者有其他不良影响的。

（3）违犯公序良俗的不良信息或令人反感的信息。

（4）含有不真实内容或者误导消费者的内容。

2. 会员名不能自行修改的原因

淘宝用户名一经注册成功就不能修改。淘宝会员名对应的是一个会员的个人账户，同时还和会员的实际身份、支付宝账号、会员个人信用以及交易记录相关联。随意改动既不利于会员的交易安全，也不利于淘宝维护安全的交易环境。

任务拓展

请上网查阅相关资料，了解在京东和拼多多开店的流程，并完成以下表格。

电商平台	开店所需具备的资质	开店所需步骤	平台优势
京东			
拼多多			

任务评价

店铺注册与认定任务评价表

评价维度	评价内容	评价量规	评价	得分
价值观与情感态度	具备良好的职业情感和服务意识	三级		
	具备创新意识，有具体的创新事件	三级		
	具备人员分工意识、团队精神、任务执行力	三级		

续表

评价维度	评价内容	评价量规	评价	得分
过程与方法	具备信息化技术素养，能够完成信息收集、整理和分析工作	三级		
	具备团队管理、时间管理等管理技巧	是否		
	执行工作规范情况	是否		
知识与技能	注册个人和企业资金账号	是否		
	注册个人和企业卖家账号并绑定资金账号	是否		
	注册个人和企业卖家账号并认证	三级		
说明	三级等级评定赋分规则：一级至三级分别为1分、2分、3分；是否赋分规则："是"为1分，"否"为0分			

素 养 课 堂

怀揣"三农"情怀，让农村电商家喻户晓

国计民生的根本性问题仍是"三农"问题，即农业、农村、农民发展问题，解决好"三农"问题仍是首要工作。党的二十大报告中指出：要全面推进乡村振兴。全面建设社会主义现代化国家，最艰巨最繁重的任务仍然在农村。加快建设农业强国，扎实推动乡村产业、人才、文化、生态、组织振兴。发展乡村特色产业，拓宽农民增收致富渠道。

农村电商成为助推乡村振兴战略的主要力量。电商的高速发展，使农村电商也吸引了越来越多的毕业生返乡创业。许多青年怀揣着对国家对家乡的情怀，投入农村电商中来，把家乡的特产通过网络推销到每家每户，同时这也更好地培养了青年爱国爱家乡的"三农"情怀，以及诚信经营、爱岗敬业、实践创新的专业品质。

项目二

商品的拍摄

项目综述

在网上购物的过程中，顾客无法直接接触商品实物，只能通过观察商品的图片来挑选商品；因此商品的图片是吸引顾客目光，激发顾客消费欲望，促进顾客成交的关键。由此可见，商品的拍摄工作是网店运营工作的重要环节。然而商品的种类成千上万，商品的材质千差万别，商品的颜色五彩斑斓，怎样才能快速地、高效地拍摄出高质量的商品图片呢？

让我们一起进入项目二，学习商品的拍摄工作吧！

知识目标

1. 熟悉网店商品照片的基本要求；
2. 掌握数码单反相机的操控方法；
3. 了解商品不同材质的特征。

技能目标

1. 知晓摄影灯具的使用方法；
2. 能够准确识别商品的材质；
3. 掌握拍摄不同材质商品的典型布光技巧；
4. 了解常见摄影辅助道具的使用方法。

情感目标

1. 提升美学素养和劳动素养;
2. 培养坚持守正创新的精神;
3. 培养严谨细致的职业态度和团队协作的能力。

任务一　拍摄前的准备

任务描述

要想拍出高质量的商品图片,必须要熟悉摄影器材,正所谓"工欲善其事,必先利其器"。数码单反相机、摄影灯具及其附件、摄影辅助道具等,正是拍好商品图片的"利器",我们一起来了解这些器材以及使用方法吧。

任务准备

认识数码单反相机

数码单反相机,全称数码单镜头反光式取景照相机(Digital Single Lens Reflex Camera,常简称为 DSLR)。它是指用单镜头,并且光线通过此镜头照射到反光镜上,通过反光取景的相机。

数码单反相机(图 2-1-1),取景的速度、对焦的速度、存储的速度都很快,电池续航能力较强。因此,任意一款主流的 135 全画幅数码单反相机,都能应对绝大部分商品的拍摄工作。

图 2-1-1　数码单反相机

认识摄影灯具及其附件

拍摄网店商品图片,普遍使用影棚闪光灯,主要包括灯头(图 2-1-2)和控制面板(图 2-1-3)。影棚闪光灯的灯头由两部分组成,分别为 LED 造型灯和闪光灯管。造型灯,亮度较低,主要为摄影师提供照明效果的参考;闪光灯管,亮度高,是拍摄时真正为商品提供补光的光源。至于控制面板，不同的品牌之间会有一定的功能差异，但是一般都具备一个旋钮和四个按键。旋钮主要调节闪光灯的输出功率，四个按键分别是光敏感应开关、闪光测试按键、造型灯泡开关、蜂鸣声切换按键。

图 2-1-2　灯头

图 2-1-3　控制面板

拍摄网店商品图片常用的影棚闪光灯附件有标准罩（图 2-1-4）、雷达罩（图 2-1-5）和柔光箱（图 2-1-6）等。

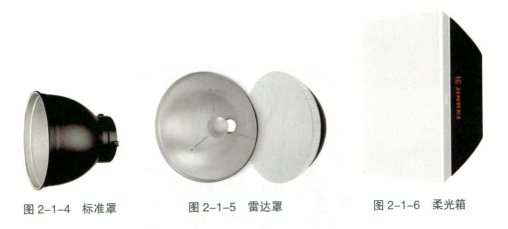

图 2-1-4　标准罩　　　　图 2-1-5　雷达罩　　　　图 2-1-6　柔光箱

了解一些常用的摄影辅助道具

拍摄网店商品图片常用的辅助道具有柔光纸（图 2-1-7）、反光板（图 2-1-8）和吸光板（图 2-1-9）等。柔光纸，又称硫酸纸，行业内也称为"牛油纸"，是一种质地较坚硬的半透明胶纸，用于柔化光线。反光板，有白色、金色和银色，用于反射光线。吸光板实际上就是一块黑板，用于遮挡或吸收光线。

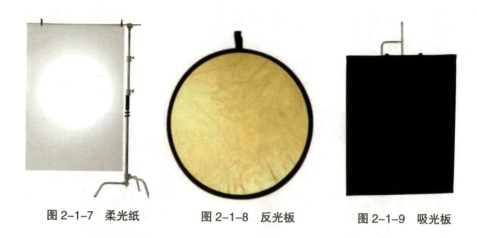

图2-1-7　柔光纸　　　　图2-1-8　反光板　　　　图2-1-9　吸光板

📋🔍 任务实施

步骤一：熟练使用数码单反相机，让拍摄更加精准

（1）对焦，指的是调整相机镜头的对焦机组，使被摄物体清晰成像的过程。对焦准确是照片高质量的前提。对焦模式分为自动对焦（AF）和手动对焦（MF）。可以通过镜头的对焦模式开关进行选择，如图2-1-10所示。选择AF时，切换到自动对焦模式，此时，对准被摄物体，半按快门即可自动对焦。选择MF时，切换到手动对焦模式，此时，需要手动旋转对焦环来实现对焦。

图2-1-10　对焦模式开关

（2）光圈，是相机用来控制光线透过镜头，进入机身内感光面光量的装置，它通常在镜头内。对于已经制造好的镜头，不可能随意改变镜头的直径，但是可以通过调节光圈的参数，改变镜头内部光圈叶片（图2-1-11）孔径的大小，来达到控制镜头通光量的作用（图2-1-12）。因此，改变光圈参数，可以调节照片的曝光程度，也可以调节景深。光圈大小常用f值表示，在其他参数不变的情况下，f的数值越大，光圈越小，进光量越少，画面较暗，可能导致照片曝光不足；f的数值越小，光圈越大，进光量越大，画面较亮，可能导致照片曝光过度。大光圈会使景深变小，小光圈会使景深变大。

图 2-1-11　光圈叶片示意图

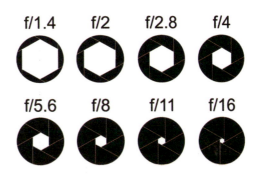

图 2-1-12　光圈值与孔径关系图

什么是景深？

景深是就是摄影时，可使景物成像清晰的范围。它与光圈大小密不可分。光圈越大（f值越小），景深越小，画面中清晰的范围越小，容易得到背景或者前景虚化的效果，更加突出被摄主体。光圈越小（f值越大），景深越大，画面中清晰的范围越大，前景、背景与被摄主体清晰程度相仿。

（3）快门，是相机用来控制光线照射感光元件时间的装置。快门速度单位是"秒"。专业 135 相机的最高快门速度达到 1/16 000 秒。常见的快门速度有 1 秒，1/2 秒，1/4 秒，1/8 秒，1/15 秒，1/30 秒，1/60 秒，1/125 秒，1/250 秒，1/500 秒，1/1 000 秒，1/2 000 秒等。相邻两级的快门速度的曝光量相差一倍，我们常说相差一级。如 1/60 秒比 1/125 秒的曝光量多一倍，即 1/60 秒比 1/125 秒速度慢一级或称低一级。

快门的主要功能是控制相机的曝光时间。数值越小，曝光时间越短，相机的进光量就越少，画面较暗，可能导致照片曝光不足；数值越大，曝光时间越长，相机的进光量就越多，画面较亮，可能导致照片曝光过度。当被摄物是移动的状态时，快门数值越小，越容易抓拍运动的瞬间，如图 2-1-13 所示。快门数值越大，越容易记录运动的轨迹，如图 2-1-14 所示。

图 2-1-13　跨栏的瞬间

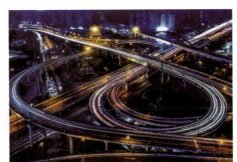

图 2-1-14　车灯的轨迹

（4）感光度，是指感光元件对光线反应的敏感程度，常用 ISO 表示，感光度设置界面如图 2-1-15 所示。ISO 数值越小，感光度越低，ISO 数值越大，感光度越高。感光度应根据拍摄环境的光线进行设置，如晴天的户外，ISO 值常常设置为 100，阴天的户外，ISO 值常常设置为 200 ~ 400。如果是光线不充足的室内或夜晚，ISO 值可以设置更高。但是感光度有一个特性，在 ISO 数值逐渐提升的过程中，感光能力在不断提升，噪点也在不断提升，照片的画质会有一定程度的下降。因此，在影棚用闪光灯辅助拍摄时，由于光线充足，ISO 值常常设置为 100 ~ 200，以便获得更高质量的照片。

图 2-1-15　感光度设置界面

步骤二：区分灯附件的光质，让拍摄更有质感

1. 了解光质

光线是突出商品材质，烘托影调氛围的重要因素。根据照明光线的角度与方向不同，光质可分为两种：硬光和柔光。硬光，指扩散角度小，直线性很强且不相交的光线。柔光，指散射光线，尤其是漫散射状态下没有统一方向的相互交错的光线。

在自然界中，晴天时，所有的物体都在阳光的照耀下，此时太阳光就属于硬光。物体在硬光照耀下，高光和阴影部分存在较大的反差。阴天时，太阳的直射光经过云层后变为方向不一致的漫散射光，此时，大气中的光线就属于柔光。物体在柔光的照耀下，不会形成明显的高光和阴影。

影棚中，光质硬与柔是可以通过安装不同的灯附件来控制的。

2. 了解光位

根据光线照射的方向不同，光位大致可以分为顺光、逆光、侧光、顶光和底光（图 2-1-16）。光线照射的方位不同，所产生的画面效果也不同。

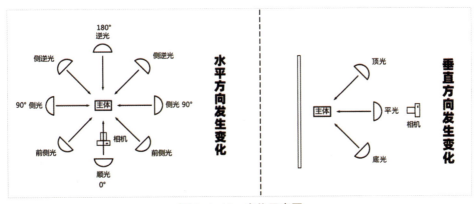

图 2-1-16　光位示意图

　　顺光，指从被摄物体的正前方打光，光线方向与镜头所指的方向一致。顺光是最简单也最常用的一种光线。顺光能让所拍摄的画面细节完整展现，整个画面清晰明亮，但是反差较小，画面平淡普通，缺乏立体感。

　　逆光，指从被摄物体的后面打光，光线方向与镜头所指的方向相对。被摄物体与背景存在着极大的明暗反差，光源会在被摄物体的边缘勾勒出一条明亮的轮廓线。逆光会让被摄物体大部分处于阴影中，物体表面的细节和纹理不够清晰。

　　侧光，指在被摄物体的左侧或右侧打光。侧光在被摄物体上形成明显的受光面、阴影面和投影。画面有强烈的明暗对比，有利于展现被摄物体的空间深度感和立体感。

　　顶光，指从被摄物体的上方打光，光线方向与镜头所指的方向垂直。用顶光进行拍摄，被摄物体的下方会产生较重的影子，且影子很短，一般不单独使用。顶光适合俯拍商品，或者给商品顶部补光。

　　底光是指从被摄物体下方打光。这种光线形成自下而上的投影，产生非正常的造型和强烈的气氛，一般用于表现透明物体或营造气氛。

3. 了解两个常用的灯附件

　　在影棚中拍摄商品，灯附件中柔光的典型代表是柔光箱，硬光的典型代表是标准罩。

　　柔光箱由两部分组成，一部分是伞状结构的银底反光罩，另一部分是尼龙材质的漫射布。柔光箱的光质柔和、反差小，两层尼龙漫射布可以柔化闪光灯管发射出来的光线。柔光箱能够提供各种不同形状和照射面积的光线，给摄影师更加便利的拍摄条件。柔光箱根据形状分为三类：方形柔光箱、条形柔光箱和八角柔光箱。

　　标准罩是反光罩的一种，因为投射的光线夹角是 50° 到 70°，和人眼观察东西的角度差不多，所以称为标准罩。标准罩罩壁的弧度是经过精确计算的，它能够确保将闪光灯管发射出来的光线，经过反射壁后基本沿水平方向发射出去。因此，标准罩发射出的光线由灯管直射光线和反射壁反射出来的平行光线组合而成，是方向性很强的硬光，会给被摄物体带来强烈的反差以及漂亮的高光，照射到墙面时，会形成一个由中心最亮区域逐渐扩散到四周且不断衰减的光圈。在影棚内，也经常使用标准罩模拟阳光。

步骤三：挑选合适的辅助道具，让拍摄更为细腻

（1）柔光纸。光线通过柔光纸后会发生漫反射，从而起到柔化光线的作用。柔光纸常常和标准罩或柔光箱一起搭配使用，是商品拍摄中使用范围最广的辅助道具之一。通过调节柔光纸与闪光灯附件的位置，可以改变照场范围，也可以改变柔和的程度。但是需要注意的是：柔光纸长时间使用后，会变黄且容易产生褶皱；发黄的柔光纸在拍摄时，会改变商品固有的颜色；褶皱的柔光纸，折痕容易映射在商品表面。所以，柔光纸需要定期更换，不可折叠存放。

（2）反光板。在商品的拍摄中，金色、银色、白色反光板中，白色反光板使用频度最高。白色反光板补光柔和、均匀。它不像金色反光板，在补光的同时会给商品覆盖金色，使商品看起来色温更暖；也不像银色反光板，在补光的同时容易在被摄物体的表面产生耀斑。白色反光板最主要的作用就是给商品补光，在补光时，既可以恢复商品暗部的细节，又不会破坏整体的光影。白色反光板也可用于给深色商品勾勒白色的轮廓线条。

（3）吸光板。吸光板其实就是一块黑板，可以购买现成的吸光板，也可以动手自制，只需在泡沫板上覆盖黑色吸光绒布即可。吸光板首先可以遮挡照射在被摄物体上的多余光线，其次可以用于给浅色商品勾勒黑色的轮廓线条。

综上所述，在拍摄时，如果需要柔化光线，可以选择柔光纸；如果需要给暗部补光，可以选择反光板；如果需要遮挡光线，可以选择吸光板。

任务拓展

请同学们课后用手动对焦的模式，拍摄任意一件商品，要求对焦精准，同时调节光圈和快门参数，做到曝光准确。之后，分别添加标准罩、柔光箱，观察商品在这两个灯附件分别照射下，质感有怎样的区别。

任务评价

透明体拍摄任务评价表

评价维度	评价内容	评价量规	评价	得分
价值观与情感态度	具备良好的职业情感和服务意识	三级		
	具备创新意识，有具体的创新事件	三级		
	具备人员分工意识、团队精神、任务执行力	三级		
过程与方法	具备信息化技术素养，能够完成信息收集、整理和分析工作	三级		

评价维度	评价内容	评价量规	评价	得分
过程与方法	具备团队管理、时间管理等管理技巧	是否		
	执行工作规范情况	是否		
知识与技能	掌握数码单反相机的设置操作	是否		
	掌握摄影灯具的选择与使用	是否		
	掌握辅助道具的选择与使用	三级		
说明	三级等级评定赋分规则：一级至三级分别为1分、2分、3分；是否赋分规则："是"为1分，"否"为0分			

任务二　透明体的拍摄

任务描述

透明体商品以玻璃制品和塑料制品最为典型，常见的有玻璃杯、酒水、饮料、香水、水晶饰品等。这类晶莹剔透的商品，在拍摄时要重点体现"透"字。我们通过拍摄高脚杯（图2-2-1）和汽水（图2-2-2），一起来学习透明体的拍摄吧。

图2-2-1　高脚杯

图 2-2-2　汽水

任务实施

拍摄高脚杯

活动一　拍摄高脚杯

活动准备

（一）商品分析

通过观察高脚杯我们可以发现，高脚杯的表面既没有特殊的纹理，也没有粘贴其他标签，所以，拍好高脚杯的关键有两个：一是要拍出玻璃通透的质感；二是要拍出高脚杯优美的形态，也就是它的轮廓。

（二）拍摄思路

根据商品分析，形成了两个具体的拍摄思路：

思路 1：给高脚杯添加白色背景，勾黑边显示其轮廓。因为透明体是可以让光线穿透的，为了突出通透的质感，主灯常常放在逆光或者侧逆光位，这样能产生玲珑剔透的感觉，同时也会营造出明亮的白背景。这时可以使用黑卡纸来修饰高脚杯的轮廓，给高脚杯的轮廓勾上黑边，将其从白色背景中分离出来。

思路 2：给高脚杯添加黑色背景，勾白边显示其轮廓。将高脚杯放置在黑色背景的前面，然后在高脚杯的两侧逆光位上放置柔光箱，两侧的柔光箱会给高脚杯的轮廓勾上白边。这样不但可以将高脚杯与背景更好地分离，也可使高脚杯质感更加丰富。高脚杯在黑色背景的衬托下，会显得既剔透又精致。

（三）器材准备

拍摄高脚杯的器材与辅助道具如图 2-2-3 所示。

数码单反相机　　　　　　　　100 mm微距镜头

方形柔光箱　　　　　亚克力倒影板　　　　摄影折叠卡纸

图 2-2-3　拍摄高脚杯的器材与辅助道具

活动实施

 方法一：白底黑边拍摄高脚杯

步骤一：为高脚杯设置白背景

在高脚杯的逆光位放置方形柔光箱，使高脚杯对齐柔光箱的中轴线。调整柔光箱的高度，确保柔光箱的方罩能遮蔽整个高脚杯。调整柔光箱的亮度，使其在拍摄时略微过曝，即可得到纯白的背景。

步骤二：为高脚杯设置倒影

在摄影台上放置白色的亚克力倒影板，将高脚杯置于倒影板之上，尽量放在倒影板的中心，以便构图时得到合适的倒影。

步骤三：为高脚杯勾勒黑色轮廓

取两块摄影折叠卡纸，分别放置于高脚杯的两侧，黑色面朝向高脚杯。摄影师在高脚杯的顺光位观察，此时可以看到在高脚杯的两侧出现了黑色的轮廓线（行业内把这种方法称为"勾黑边"）。通过调整卡纸的位置，让高脚杯两侧的黑边粗细合适、对称，并且从上至下连续贯穿于高脚杯的整体。

步骤四：控制曝光参数，得到成片

　　设置合适的快门、光圈、ISO 参数，得到成片（图 2-2-4）。在 Photoshop 软件中，去除穿帮的黑色卡纸，即可得到图 2-2-1 左图所示的高脚杯效果。

　　特别提示：为了同步方形柔光箱的闪光灯，快门数值一般设置为 1/125 秒。为了避免小景深造成高脚杯边缘的虚化，光圈值一般设置小于 11。为了确保成片优秀的画质，ISO 值通常设置在 100 ~ 200。白底黑边拍摄高脚杯布光图如图 2-2-5 所示。

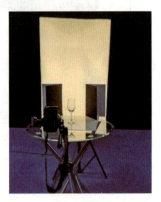

图 2-2-4　白底黑边拍摄高脚杯　　　　　图 2-2-5　白底黑边拍摄高脚杯布光图

步骤五：整理摄影棚

　　灯具复位，相机入箱，道具入柜，打扫影棚卫生。

控制黑边的方法

　　摄影师可以先把卡纸贴近柔光箱放置，两张卡纸之间预留一定的空间来充当白色背景。摄影师（佩戴白色棉手套，避免接触高脚杯时使其沾染指纹，影响成片效果）在高脚杯的顺光位，一边观察高脚杯，一边前后移动高脚杯，找到黑边粗细合适的位置，然后再左右移动高脚杯，找到黑边左右对称的位置，此位置即是黑边效果最佳的位置。

方法二：黑底白边拍摄高脚杯

步骤一：为高脚杯设置黑背景

　　在高脚杯的逆光位放置方形柔光箱，使高脚杯对齐柔光箱的中轴线。在柔光罩的中段用黑色吸光布覆盖，确保黑色吸光布能遮蔽整个高脚杯。在拍摄时，调整相机参数，使黑色吸光布略微欠曝，即可得到纯黑的背景。

步骤二：为高脚杯设置倒影

在摄影台上放置黑色的亚克力倒影板，将高脚杯置于倒影板之上，尽量放在倒影板的中心，以便构图时得到合适的倒影。

步骤三：为高脚杯勾勒白色轮廓

黑色吸光布只覆盖柔光罩的中段，左右两侧留出等宽的柔光罩。这两侧柔光罩透出的光线，穿过高脚杯时，高脚杯的两侧出现了白色的光条（"勾白边"）。摄影师通过调整高脚杯的位置，让高脚杯两侧的白边对称、粗细合适，并且从上至下连续贯穿于高脚杯的整体。

步骤四：控制曝光参数，得到成片

设置合适的快门、光圈、ISO 参数，得到成片（图 2-2-1 右图）。可以选择局部拍摄细节图，如图 2-2-6 所示；也可以变换角度，拍摄高脚杯的其他形态，如图 2-2-7 所示。黑底白边拍摄高脚杯布光图如图 2-2-8 所示。

图 2-2-6　高脚杯底座

图 2-2-7　高脚杯卧立形态

图 2-2-8　黑底白边拍摄高脚杯布光图

步骤五：整理摄影棚

灯具复位，相机入箱，道具入柜，打扫影棚卫生。

活动二　拍摄汽水

活动准备

（一）商品分析

通过观察橙色的汽水，我们可以发现，这瓶汽水虽然也是一个透明体，但它相对之前拍摄的高脚杯有许多自己的特点。第一，高脚杯无色，但是汽水是橙色的；第二，高脚杯表面没有纹理也没有标签，但是汽水正反两面都有标签，而且标签是汽水的重要信息。所以，想拍好汽水，不仅要拍出汽水通透的质感和玻璃瓶的形态，还要清晰地显示汽水的标签。想要营造汽水清凉消暑的氛围，还可以搭配一些道具，如道具冰块、玻璃杯、汽水瓶身喷水珠等。

（二）拍摄思路

根据商品分析，形成了具体的拍摄思路：

结合之前学习的两种拍摄方法——"白底勾黑边"和"黑底勾白边"，选择"白底勾黑边"的拍摄方法来拍汽水。因为汽水的颜色是橙色，要想把汽水拍通透，必须要有明亮的背景。如果选用黑色背景的话，汽水的色彩会受到黑背景的影响，通透的质感就无法表达了。因此选择"白底勾黑边"的拍摄方法。

具体的布光思路是：

（1）在汽水瓶的逆光位上放置主灯，将汽水的颜色打透。

（2）添加黑色的卡纸，给汽水瓶轮廓勾勒黑边，将汽水瓶与背景分离。

（3）在汽水瓶的左右侧顺光位添加辅灯，照亮汽水的标签。

（三）器材准备

拍摄汽水的器材与辅助道具如图 2-2-9 所示。

图 2-2-9　拍摄汽水的器材与辅助道具

活动实施

步骤一：为汽水瓶设置白背景

在汽水瓶的逆光位放置方形柔光箱，使汽水瓶对齐柔光箱的中轴线。调整柔光箱的高度，确保柔光箱的方罩能遮蔽整个汽水瓶。调整柔光箱的亮度，使其在拍摄时略微过曝，即可得到纯白的背景。

步骤二：为汽水瓶设置倒影

在摄影台上放置白色的亚克力倒影板，将汽水瓶置于倒影板之上，尽量放在倒影板的中心，以便构图时得到合适的倒影。

步骤三：控制曝光参数，得到样片

设置合适的快门、光圈、ISO参数，得到汽水瓶样片（图2-2-10）。

步骤四：为汽水瓶勾勒黑色轮廓

由图2-2-10可知，此时汽水瓶轮廓发虚，与白背景边界不分明，因此需要给汽水瓶勾勒黑色轮廓。

取两块摄影折叠卡纸，分别放置于汽水瓶的两侧，黑色面朝向汽水瓶。通过调整卡纸的位置，让汽水瓶两侧的黑边粗细合适、对称，并且从上至下连续贯穿于整个汽水瓶，拍摄效果如图2-2-11所示。对比图2-2-10与图2-2-11可知，勾勒黑色轮廓后，汽水瓶身轮廓清晰，已经从白背景中分离出来。

图2-2-10　汽水瓶样片

图2-2-11　为汽水瓶勾勒黑色轮廓

步骤五：照亮标签，得到成片

在汽水瓶的左右侧顺光位，添加两个方形柔光箱，照亮汽水的标签，得到汽水成片（图2-2-12）。如果觉得标签上的光条偏硬的话，也可以在汽水瓶和柔光箱之间添加旗板

（图2-2-13），来柔化标签上的光条，成片如图2-2-14所示。拍摄汽水布光图如图2-2-15所示。

图2-2-12　汽水成片

图2-2-13　旗板

图2-2-14　柔化光条后的汽水成片

图2-2-15　拍摄汽水布光图

步骤六：整理摄影棚

灯具复位，相机入箱，道具入柜，打扫影棚卫生。

增加汽水的清凉氛围的方法

摄影师可以给汽水瓶身喷水珠，以增加汽水清凉消暑的氛围。为了增加水珠在瓶身的附着力，可以将水与甘油按1∶1勾兑后，放入喷壶中给瓶身喷水。最好选择喷射量可以调节的喷壶，选择雾化一档进行喷射效果最好。喷水时，每一次的量要少，然后根据瓶身水珠的位置，进行多次喷射，以达到满意的效果。

任务拓展

请同学们在课后，拍摄塑料瓶的饮用水和玻璃瓶的香水，灵活地将"白底勾黑边"和"黑底勾白边"两种方法应用到透明体的拍摄工作中去。

任务评价

透明体拍摄任务评价表

评价维度	评价内容	评价量规	评价	得分
价值观与情感态度	具备良好的职业情感和服务意识	三级		
	具备创新意识，有具体的创新事件	三级		
	具备人员分工意识、团队精神、任务执行力	三级		
过程与方法	具备信息化技术素养，能够完成信息收集、整理和分析工作	三级		
	具备团队管理、时间管理等管理技巧	是否		
	执行工作规范情况	是否		
知识与技能	了解透明体的特征	是否		
	掌握透明体拍摄的两种布光方法	是否		
	能将所学拍摄方法应用到其他透明体的拍摄工作去	三级		
说明	三级等级评定赋分规则：一级至三级分别为1分、2分、3分；是否赋分规则："是"为1分，"否"为0分			

任务三　反光体的拍摄

任务描述

反光体以镜面材质、光面塑料材质、金属材质的商品最为典型，常见的有太阳镜、亮

面吹风机、金属刀具、瓷器等。这类高反射材质的商品，在拍摄时既要体现材质"高反射"的特性，又要避免高反射材质表面映射出周围的环境信息，造成商品表面的"脏"。我们通过拍摄"太阳镜"（图2-3-1）和"亮面吹风机"（图2-3-2）一起来学习反光体的拍摄技巧吧。

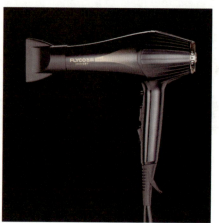

图2-3-1　太阳镜　　　　　　　　　　图2-3-2　亮面吹风机

　任务实施

活动一　拍摄太阳镜

拍摄太阳镜

活动准备

（一）商品分析

通过观察太阳镜我们可以发现，太阳镜的反光能力非常强，加上镜面是凸起的，所以拍摄环境中的杂乱信息，如摄影师、相机、灯具的像都很容易映在镜片上，从而破坏眼镜的整体效果。所以，想拍好太阳镜这一反光能力特别强的商品，在拍出镜片"高反"特征的前提下，最大的难点就是怎样消除镜片上的杂乱信息。

消除反光体表面杂乱信息的两种常用方法

第一种方法是调整商品的摆放位置，让商品和相机镜头所指的方向，保持一个夹角，找出某一个角度，让反射的像不直接进入画面。但是这种方法有一定的局限性，首先，不能正拍商品，所以拍摄出来的商品都有一定程度的形变；其次，只能拍摄表面比较平整的商品，如果商品的表面是曲面的，那么这个角度就很难找到。

第二种方法是用牛油纸或旗板等辅助道具覆盖在商品的周围，因为牛油纸被柔光箱照射后，会形成均匀的、渐变的、半透明的光影，用这种较为"干净"的光影覆盖在商品的表面，不仅可以遮住环境中原本比较"杂乱"的光影信息，还能增强反光表面的质感。

（二）拍摄思路

根据商品分析，形成了具体的拍摄思路：

因为太阳镜的表面是一个曲面，不容易找到避开杂乱信息的角度，所以选择用第二种方法进行拍摄。将太阳镜平铺在白色的背景纸上，接下来，在顶光位上放置雷达罩（因为雷达罩的光斑是圆形的，经过牛油纸之后，渐变的效果更好）。在雷达罩和眼镜之间添加牛油纸（牛油纸要大一些，确保能把眼镜反射的面都覆盖完整）去除太阳镜片上雷达罩的成像。这样太阳眼镜的透明质感和镜面的光泽都可以呈现，同时镜片也变得非常"干净"。

（三）器材准备

拍摄太阳镜的器材与辅助道具如图 2-3-3 所示。

图 2-3-3　拍摄太阳镜的器材与辅助道具

活动实施

步骤一：为太阳镜设置白背景

将白色背景纸平铺在摄影台上，并用大力夹将其固定，绷紧。然后将太阳镜镜片朝上，平放在白背景的中心区域。

步骤二：给镜片设置一个明亮的光斑，突出其反光材质的特点

在太阳镜的顶光位上，放置雷达罩（已添加柔光罩），调整雷达罩的光芯位置，使其照射在太阳镜镜片的内侧，尽量使两片镜片上的光斑对称。

步骤三：柔化光斑，并去除镜片上反射的环境信息

将牛油纸固定在金属框架上（也可以用现成的旗板），一边调整牛油纸覆盖的角度，一边观察镜片上的变化。

添加牛油纸之后，光斑就被柔化了，形成了由中心向四周渐变的光晕，这个效果更好地突出了镜片高反光的特征。将牛油纸的角度尽量压低，尽可能地完全覆盖太阳镜，这时，镜片上的环境信息也就有效地被去除了。

步骤四：控制曝光参数，得到样片

设置合适的快门、光圈、ISO 参数，得到太阳镜样片，如图 2-3-1 所示。可以选择局部拍摄细节图，如图 2-3-4 ～ 图 2-3-6 所示；也可以拍摄太阳镜的其他形态，如图 2-3-7 所示。拍摄太阳镜布光图如图 2-3-8 所示。

图 2-3-4　太阳镜鼻托细节

图 2-3-5　太阳镜螺丝钉细节

图 2-3-6　太阳镜耳钩细节

图 2-3-7　太阳镜侧面

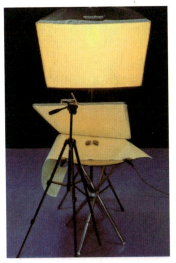

图 2-3-8　拍摄太阳镜布光图

步骤五：整理摄影棚

灯具复位，相机入箱，道具入柜，打扫影棚卫生。

活动二　拍摄亮面吹风机

活动准备

拍摄亮面吹风机

（一）商品分析

通过观察这个吹风机我们可以发现，这种亮面塑料虽然不像镜片那样能直接把周围的杂乱信息映在其表面，但是它被闪光灯照耀时，容易产生耀眼的光斑，会影响观看塑料表面的有效信息，比如商标、Logo 等。所以，想拍好亮面吹风机这一类商品，最大的难点就是既保留亮面塑料的质感，又要减弱耀眼的光斑，使亮面塑料表面的有用信息也能清晰有效地表达。

小贴士

凸显吹风机亮面塑料质感的方法

用条形柔光箱高逆光位照亮吹风机风筒的顶部，这样能给吹风机风筒的顶部打出一个高亮的光条，这个光条能在视觉上反映出亮面塑料高反光的质感。在吹风机的顺光位，用方形柔光箱照亮风筒的中部，设置方形柔光箱的亮度比条形柔光箱的亮度略低，让吹风机的风筒形成从顶部到中部的明暗渐变，从而凸显亮面塑料的质感。

消除吹风机耀斑的方法

　　由于吹风机风筒是亮面塑料，方形柔光箱在照亮其中部时，容易会产生耀斑。而风筒上常常会印刷商标或 Logo，这时，耀斑就会影响商标或 Logo 的显示。这时应在照亮风筒中部的方形柔光箱与吹风机之间，添加旗板（或牛油纸），这样就可以有效地消除耀斑。

　　这里要注意的是，旗板（或牛油纸）越靠近柔光箱，消除耀斑的效果越弱，但吹风机亮面塑料的质感表现会越强。旗板（或牛油纸）越靠近吹风机，消除耀斑的效果越强，但是吹风机亮面塑料的质感表现会越弱。所以拍摄时，多移动旗板（或牛油纸）的位置，以便找到既能消除耀斑又能体现亮面塑料质感的平衡位置。

（二）拍摄思路

　　根据商品分析，形成了具体的拍摄思路：

　　首先，将吹风机固定在灯架上，然后在高逆光位用条形柔光箱照亮吹风机风筒的顶部，勾出风筒顶部的轮廓。

　　其次，在右侧顺光位用方形柔光箱照亮吹风机的尾部和手柄。

　　再次，在左侧顺光位用方形柔光箱照亮吹风机风筒的中部，同时添加旗板（或牛油纸），消除商标上的耀斑。

　　最后，在左侧、右侧、下方添加泡沫反光板，给吹风机轮廓勾白边，让吹风机与黑色背景分离。

（三）器材准备

　　拍摄亮面吹风机的器材与辅助道具如图 2-3-9 所示。

图 2-3-9　拍摄亮面吹风机的器材与辅助道具

活动实施

步骤一：将吹风机直立固定在灯架上

因为吹风机无法直立放稳在摄影台上，因此需要将吹风机固定在灯架上进行拍摄。用粗细合适的钢条插入吹风机的尾部，因为钢条不易弯折，这样就把吹风机支起来了，再用几个大力夹将钢条夹在灯架上，吹风机就被直立固定在灯架上了，如图 2-3-10 所示。

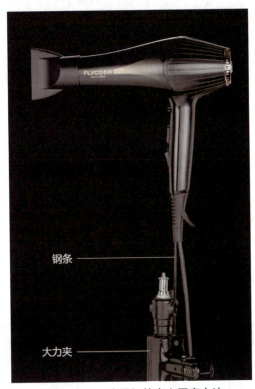

图 2-3-10　吹风机的直立固定方法

步骤二：给吹风机设置黑背景

在吹风机的后面，放置黑色的背景纸，背景纸的面积稍大一些，以拍摄时能完整地覆盖吹风机的背面为准。

步骤三：给吹风机的风筒顶部勾轮廓

在高逆光位用条形柔光箱照亮吹风机风筒的顶部，控制条形柔光箱的高度和角度，在吹风机风筒的顶部勾出细窄的光条，将风筒顶部的轮廓从黑背景中分离出来，如图 2-3-11 所示。

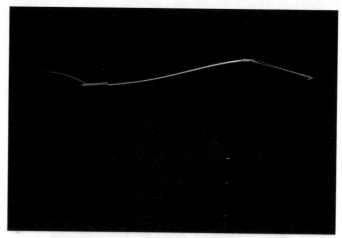

图 2-3-11　吹风机的顶部轮廓

步骤四: 显现吹风机的风筒尾部和手柄的细节

在右侧顺光位用方形柔光箱照亮吹风机的风筒尾部和手柄，将吹风机的风筒尾部和手柄细节显现出来，如图 2-3-12 所示。

步骤五: 给吹风机的风筒顶部勾轮廓

在左侧顺光位用方形柔光箱照亮吹风机风筒的出风口和手柄的按钮，将吹风机风筒的出风口和手柄的按钮显现出来，但是发现此时商标处出现了耀斑，影响商标的观感，如图 2-3-13 所示。

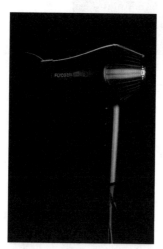
图 2-3-12　尾部和手柄细节

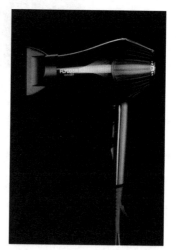
图 2-3-13　出风口与手柄按钮细节

步骤六: 消除吹风机商标处的耀斑

在左侧顺光位方形柔光箱与吹风机之间添加旗板（或牛油纸），通过调整旗板（或牛油纸），找到既能消除商标上的耀斑又能保留亮面塑料质感的位置，这样就可以有效地消除耀斑了，如图 2-3-14 所示。

步骤七：勾勒吹风机风筒底部、手柄左右侧轮廓

在吹风机的左侧、右侧、下方各添加泡沫反光板，给吹风机轮廓勾白边，让吹风机与黑色背景分离，如图 2-3-15 和图 2-3-16 所示。拍摄亮面吹风机布光图如图 2-3-17所示。

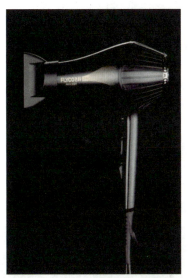

图 2-3-14 消除商标处的耀斑

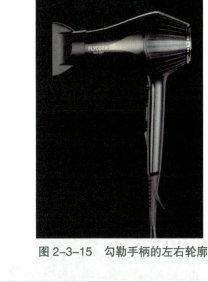

图 2-3-15 勾勒手柄的左右轮廓

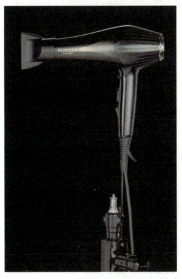

图 2-3-16 勾勒吹风机的外围轮廓

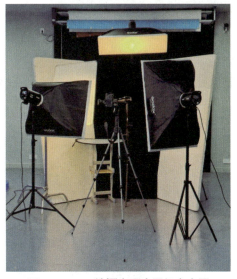

图 2-3-17 拍摄亮面吹风机布光图

步骤八：在 Photoshop 简单处理，得到吹风机的成品图

从相机中导出照片，利用 Photoshop 将灯架裁切掉，将钢条处理掉，即得到吹风机的成品图（图 2-3-18）。

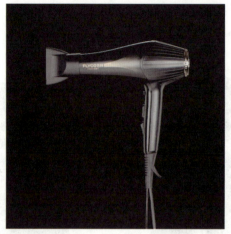

图 2-3-18 亮面吹风机成品图

可以选择局部拍摄细节图，如图 2-3-19 ~ 图 2-3-21 所示。

图 2-3-19 吹风机出风口套件

图 2-3-20 吹风机尾部细节

图 2-3-21 吹风机出风口细节

步骤九：整理摄影棚

灯具复位，相机入箱，道具入柜，打扫影棚卫生。

任务拓展

请同学们在课后拍摄镀铬水龙头、亮面塑料的电饭煲，灵活地将消除反光体表面杂乱信息的方法和消除耀斑的方法应用到反光体的拍摄工作中去。

任务评价

反光体拍摄任务评价表

评价维度	评价内容	评价量规	评价	得分
价值观与情感态度	具备良好的职业情感和服务意识	三级		
	具备创新意识，有具体的创新事件	三级		
	具备人员分工意识、团队精神、任务执行力	三级		
过程与方法	具备信息化技术素养，能够完成信息收集、整理和分析工作	三级		
	具备团队管理、时间管理等管理技巧	是否		
	执行工作规范情况	是否		
知识与技能	了解反光体的特征	是否		
	掌握消除反光体表面杂乱信息和消除耀斑的方法	是否		
	能将所学拍摄方法应用到其他反光体的拍摄工作中去	三级		
说明	三级等级评定赋分规则：一级至三级分别为1分、2分、3分；是否赋分规则："是"为1分，"否"为0分			

任务四　吸光体的拍摄

任务描述

　　吸光体以纺织品、木制品、橡胶制品、亚光塑料制品等最为典型，常见的有网纹运动鞋、亚光塑料的鼠标、木梳、橡胶玩具等。这类材质的商品结构粗糙、纹理起伏不平，在拍摄时要体现材质"基本上不反射光"的特性。我们通过拍摄"网纹运动鞋"（图2-4-1）和"哑光塑料鼠标"（图2-4-2）一起来学习吸光体的拍摄吧。

图2-4-1　网纹运动鞋

图2-4-2　哑光塑料鼠标

任务实施

活动一　拍摄网纹运动鞋

活动准备

（一）商品分析

拍摄网纹运动鞋

　　通过观察网纹运动鞋我们可以发现，这种鞋表面的结构不光滑（相对透明体和反光体而言），纹理起伏不平，相对不反光。因此，拍摄此类商品时，主灯的位置常以顺光位、侧顺光位为主，这样能将商品的层次、色彩表现得更加丰富。想拍好运动鞋这一类商品，除了合理的布光，最重要的是将运动鞋摆放好，找到最能凸显运动鞋特点的拍摄角度，营造好运动的氛围。

小贴士

运动鞋最吸引人的两个角度

角度一：运动鞋的侧面，即鞋帮部分。这个角度最能体现运动鞋的一些科技特征，比如防震气垫、内部增高垫等，这也是消费者选择运动鞋时的重要考量。因此，拍摄时应突出鞋帮部分，利用特色功能快速打动消费者。

角度二：运动鞋的顶面，即鞋面部分。这个角度是鞋穿上脚后，容易被观察到的。鞋面设计是运动鞋的最大亮点，也是消费者判断运动鞋是否美观的重要参考方面。因此，拍摄时突出鞋面部分，可以让消费者快速关注到运动鞋。

（二）拍摄思路

根据商品分析，形成了具体的拍摄思路：

突出鞋帮的拍法：可以用渔线将运动鞋悬挂在支架上，模拟运动鞋奔跑时的状态，将其进行造型和固定。在左右顺光位布灯，照亮运动鞋，相机在平视的角度进行拍摄，突出运动鞋的鞋帮。

突出鞋面的拍法：可以用木地板或人造草皮作为背景，营造室内球馆或户外球场的氛围。将运动鞋摆放在背景板上，在高角度的左右顺光位添加柔光箱，给商品布光。相机在俯拍的角度拍摄，突出运动鞋的鞋面。

根据这两种方案进行拍摄时，如果出现了运动鞋轮廓与背景过渡不清晰的情况，可以在逆光位给运动鞋添加轮廓光，让运动鞋与背景分离。

（三）器材准备

拍摄网纹运动鞋的器材与辅助道具如图 2-4-3 所示。

图 2-4-3　拍摄网纹运动鞋的器材与辅助道具

活动实施

步骤一：为了方便正拍鞋帮，用渔线将运动鞋悬挂在支架上

用长度合适的渔线，从运动鞋的布标签中穿过，将鞋悬挂在支架上，通过调整运动鞋的位置，摆出运动鞋正在奔跑的造型。

步骤二：给运动鞋设置黑背景

在运动鞋的后面，放置黑色的背景纸，纸的面积稍大一些，以拍摄时能完整覆盖运动鞋的背面为准。

步骤三：照亮运动鞋，突出网纹材质的特点

在运动鞋的左、右侧顺光位上，各放置一个方形柔光箱，用左右夹光的方式照亮运动鞋，此时运动鞋网面的质感已经能够准确地表现出来了，如图2-4-4所示。

图2-4-4　网纹运动鞋左右夹光样片

步骤四：为运动鞋增加一定的户外氛围

由于夹光的效果比较平，缺少户外的氛围感；鞋面的顶部没有受光，边界也不够分明。因此，在左侧逆光位上添加标准罩进行拍摄（一则可以利用标准罩的直射光，模拟阳光照射的质感，增加一定的户外氛围；二则可以给鞋面的顶部补光，让鞋面的边界可以和背景分离），得到网纹运动鞋成片（图2-4-5）。

图2-4-5　网纹运动鞋成片

步骤五：通过后期处理，修去背景中的渔线和支架，得到最终效果

打开 Photoshop 软件，修去背景中出现的渔线和支架，同时可以裁切照片，得到每一只鞋的大图或局部特写，如图 2-4-6 和图 2-4-7 所示。拍摄网纹运动鞋布光图如图 2-4-8 所示。

图 2-4-6　去除了渔线和支架的网纹运动鞋成片

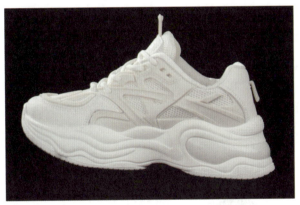

图 2-4-7　网纹运动鞋左脚图

图 2-4-8　拍摄网纹运动鞋布光图

步骤六：整理摄影棚

灯具复位，相机入箱，道具入柜，打扫影棚卫生。

活动二　拍摄亚光塑料鼠标

拍摄哑光塑料鼠标

活动准备

（一）商品分析

通过观察亚光塑料鼠标我们可以发现，亚光塑料有一种磨砂的质感，它也是一种典型吸光体，但是比上节课讲的棉、麻、网布的反光能力又稍强一些。因为鼠标的展示面主要是鼠标的顶面，因此，拍摄时，要在顶光位上放置柔光箱，将鼠标的顶面照亮，高机位放置相机，对鼠标进行俯拍。为了将鼠标拍好，除了突出亚光塑料的材质特征，更重要的是给鼠标搭建一个更吸引人的应用场景。

（二）拍摄思路

此次拍摄的是一对无线鼠标（黑色、白色各一只），它们往往和无线键盘配套使用，所以可以搭配无线键盘一起拍摄。拍摄时需注意，必须突出鼠标在图片中的主体地位，键盘只起到具化应用场景的作用。所以只需拍摄键盘的一个局部即可。其次，背景纸要选择和黑白鼠标都比较搭的颜色，此次拍摄选择了黑、红两种颜色，撞色拍摄。红背景上放黑鼠标，黑背景上放白鼠标。这样搭配颜色和谐活泼，容易吸引年轻人。

（三）器材准备

拍摄亚光塑料鼠标的器材与辅助道具如图 2-4-9 所示。

数码单反相机　　　　　　100 mm微距镜头

方形柔光箱　　　　旗板　　　　红、黑背景纸

图 2-4-9　拍摄亚光塑料鼠标的器材与辅助道具

活动实施

步骤一：将红、黑背景纸双拼造型，并固定

为了更方便地俯拍鼠标，可以将背景纸固定在高度较低的摄影台或干净的地面。将红色的背景纸压在黑色的背景纸之上，撞色拼接。

步骤二：照亮鼠标，突出鼠标的形态

将白鼠标摆在黑色背景纸上，黑鼠标摆在红色背景纸上，做好造型。在鼠标的顶光位放置方形柔光箱，照亮鼠标，调整柔光箱的光芯位置，让光斑对称覆盖滚轮和 Logo，突出鼠标的形态。

步骤三：控制曝光参数，观察样片

设置合适的快门、光圈、ISO 参数，得到亚光塑料鼠标的样片（图 2-4-10）。观察样片我们发现，由于反光，背景纸的颜色有些发白，不够艳丽，鼠标的表面反光也稍过了一些，亚光材质表现不够突出。

图 2-4-10　亚光塑料鼠标的样片

步骤四：添加旗板，进一步柔化鼠标表面的光斑，突出亚光材质的特点

在方形柔光箱与鼠标之间，添加旗板（或牛油纸），进一步柔化鼠标表面的光斑，突出亚光材质的特点。添加旗板后的鼠标样片如图 2-4-11 所示。

图 2-4-11　添加旗板后的鼠标样片

步骤五：搭配键盘或笔记本电脑等商品一同拍摄，强化鼠标的使用氛围

为了强化鼠标的应用场景，可以搭配键盘一同拍摄，如图 2-4-12 所示。这样搭配拍摄可以更好地强化鼠标的应用场景，吸引用户的关注。

图 2-4-12　添加键盘后的鼠标

步骤六：搭配笔记本电脑或者变换鼠标的造型，拍摄鼠标的更多细节图

笔记本电脑也是无线鼠标高频搭配使用的商品，可以搭配笔记本电脑进行拍摄，如图 2-4-13 所示。同时还可以变化鼠标的造型，拍出其他形态的照片（图 2-4-14）或者细节图（图 2-4-15）。拍摄亚光塑料鼠标布光图如图 2-4-16 所示。

图 2-4-13　添加笔记本后的鼠标

图 2-4-14　变化造型后的鼠标

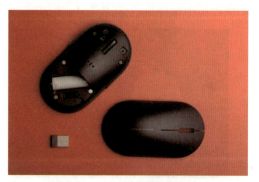

图 2-4-15　鼠标内部细节图

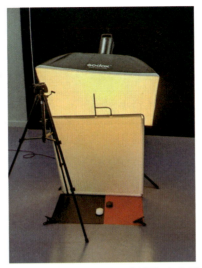

图 2-4-16　拍摄亚光塑料鼠标布光图

步骤七：整理摄影棚

灯具复位，相机入箱，道具入柜，打扫影棚卫生。

任务拓展

请同学们在课后拍摄亚光塑料杆的圆珠笔，思考如何搭建强化圆珠笔使用氛围的场景和道具，学会灵活地将吸光体的布光方法应用到其他商品中去。

任务评价

吸光体拍摄任务评价表

评价维度	评价内容	评价量规	评价	得分
价值观与情感态度	具备良好的职业情感和服务意识	三级		
	具备创新意识，有具体的创新事件	三级		
	具备人员分工意识、团队精神、任务执行力	三级		
过程与方法	具备信息化技术素养，能够完成信息收集、整理和分析工作	三级		
	具备团队管理、时间管理等管理技巧	是否		
	执行工作规范情况	是否		

续表

评价维度	评价内容	评价量规	评价	得分
知识与技能	了解吸光体的特征	是否		
	掌握吸光体常用的布光方法	是否		
	能将所学拍摄方法应用到其他吸光体的拍摄工作去	三级		
说明	三级等级评定赋分规则：一级至三级分别为1分、2分、3分；是否赋分规则："是"为1分，"否"为0分			

素养课堂

创新商品拍摄思维，让商品数字化更精彩

党的二十大报告指出："加快发展数字经济，促进数字经济和实体经济深度融合，打造具有国际竞争力的数字产业集群。"

电子商务是数字化产业集群的重要应用领域。在提供电子商务服务时，商品拍摄是商品数字化的第一步，而创新商品拍摄思维，可以让商品数字化变得更精彩。一张好的商品图片，就像一块磁铁，能够吸引用户的目光，让他们情不自禁地驻足观赏，甚至产生购买的冲动。在数字化时代，这种视觉吸引力尤为重要。当我们浏览电子商务平台时，那些富有创意、拍摄精美的商品图片往往能抓住我们的眼球，激发我们的购买欲望。因此，创新商品拍摄思维，将商品以最佳的方式呈现给用户，是提升电子商务竞争力的关键所在。但是，拍摄也不能单纯地追求刺激眼球的创新，还必须坚持守正，只有守正才能不迷失方向、不犯颠覆性错误。

作为新时代的电商摄影师，要不断提升自身的拍摄技术，更要时刻关注生活中美好的事物，用感知和体验不断创新拍摄思维，不断迸发新的灵感。勇于践行二十大精神，自信自强、守正创新、踔厉奋发、勇毅前行，为全面建设社会主义现代化国家、全面推进中华民族伟大复兴而团结奋斗。

项目三

店铺的设计与装修

项目综述

　　网店的设计与装修，和实体店的装修一样重要。独具匠心的网店装修会提升网店形象，强化品牌视觉，愉悦消费者心情，延长停留时间，提高商品转化率。

　　店铺的美观效果主要通过店铺的首页、商品详情页、主图等视觉化信息来体现。如何才能设计出更美的店铺首页，更好的详情页版面，更突出的主图呢？

　　让我们一起进入项目三，进行店铺的设计与装修吧！

知识目标

1. 掌握图形图像处理的方法；
2. 了解消费者的心理；
3. 掌握文案写作的方法；
4. 掌握商品规划与管理的思路；
5. 了解目标市场分析的方法。

技能目标

1. 掌握店铺店招和导航的设计技巧；
2. 掌握店铺主图、详情页、海报、全屏轮播图的设计技巧；

3. 了解店铺首页效果图的设计技巧；

4. 掌握店铺其他装修模块的设置方法；

5. 掌握移动端店铺的设计技巧；

6. 掌握淘宝主图视频的制作方法。

情感目标

1. 培养实事求是的精神；

2. 培养自主探究的学习精神；

3. 培养严谨注重细节的精神；

4. 培养团结、协作的团队意识和沟通能力。

任务一　设置店招

设置店招和导航
（上）

任务描述

店铺装修首先要把店铺招牌和导航设置好，给消费者一个正确的指引。对于初学设计店铺的人，需要先从设计店招和设置导航开始。接下来将通过两个活动教大家如何设计店招和设置导航，让我们一起来学习吧。

任务实施

店招的设计

设置店招和导航
（下）

活动准备

（一）活动介绍

店招是店铺的招牌，是展示店铺形象的窗口。设计店招时，需要紧密结合店铺的定位和品牌的形象特征，并将其清楚地体现出来。店铺的定位是指清楚、精准地展示商品，以便快速吸引目标消费群体。品牌特征是指通过对店铺名称、标志进行个性化展示，使消费者对店铺产生基本印象，以便对店铺进行宣传。

店招位于店铺的顶端，主要用于展示店铺的名称、Logo、企业文化、促销商品、收藏和促销信息等，是一个店铺的门面和招牌，也是让消费者快速了解店铺的第一个通道。

（二）店招的类型和尺寸

1. 普通店招

普通店招一般由店招图和导航条组成，总高度为 150 像素。其中，店招图的高度为 120 像素，导航条的高度为 30 像素。

2. 全屏店招

全屏店招的宽度一般与显示器等长。由于显示器的分辨率不一致，图片的显示宽度也不一样。为了保证店招中的主要信息在任何显示器中能够完全显示，需要在店招的左右两侧空出宽度为 485 像素的区域，不放置图片和文案，通过设置页头图片，横向平铺页面，达到全屏店招的效果。

了解店铺的风格和类型

为了打造有自己特色的店铺，在装修店铺前一定要提前做好准备，例如需要根据自己的商品确定店铺的风格，然后收集与店铺风格相关的素材。还可以在淘宝网浏览其他店铺的装修，吸取优秀店铺的优点，以便更好地规划自己的店铺。店铺所出售的商品不一样，店铺风格就会有很大的差异，比如：服装类的店铺，其装修风格一般较为华丽，以模特图片为主，非常注重美观性；家居、日用百货类的店铺则比较注重商品的搭配和摆放；运动、数码、五金类的店铺型则更注重实用性和功能性。

通过了解店铺的风格和类型，我们知道了店铺的风格和类型要和自身的商品相匹配，这样才能营造一种良好的购买气氛。

活动实施

步骤一：普通店招的设计

1. 店招 Logo 设计

（1）打开 Photoshop 软件，新建画布，大小为 950 像素 ×150 像素，如图 3-1-1 所示。

店招Logo案例
讲解

店招促销区案例
讲解

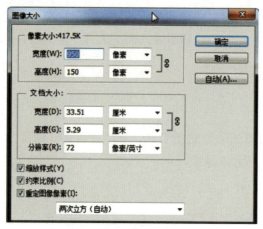

图 3-1-1 画布大小

（2）使用"矩形选框"工具，设置一个 950 像素 ×120 像素大小的矩形选框，然后填充店招部分的颜色，如图 3-1-2 和图 3-1-3 所示。

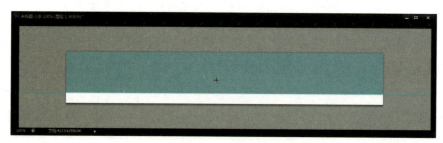

图 3-1-2 选框工具

图 3-1-3 填充颜色

（3）打开 Logo 图标填充为白色，再添加投影，放在店招的最左边，如图 3-1-4 所示。

图 3-1-4 添加 Logo 图标

（4）使用工具箱"文字"工具输入文字"陶然家居"和英文"TAORAN"，填充白色，添加投影效果，如图 3-1-5 所示。

图 3-1-5 添加文字效果

（5）使用工具箱"形状"工具的"直线工具"，画出一条直线（图 3-1-6），新建图层，使用"形状"工具的"椭圆工具"画出线条两端的圆形，再用"文字"工具输入"全场满 39 元包邮"的字样，设置文字投影效果（图 3-1-7）。

图 3-1-6 "直线工具"设置

图 3-1-7 设置投影

（6）使用工具箱"矩形选框"工具画一个矩形框，再用"渐变"工具设置（图3-1-8）。新建图层，用线性渐变画出框（图3-1-9），按下"Ctrl+T"键（自由变换工具），将矩形框在水平方向压缩（图3-1-10），形成最终分割条（图3-1-11）。

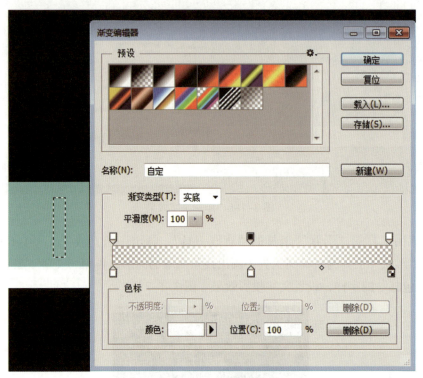

图 3-1-8　设置渐变

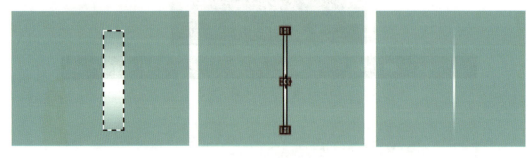

图 3-1-9　渐变填充　　　　　图 3-1-10　水平方向压缩　　　　　图 3-1-11　最终效果

2. 设计店招宝贝推荐

（1）新建图层，使用工具箱"形状"工具中的"圆角矩形工具"画出如图3-1-14左侧所示的图形，并添加图层样式，添加渐变叠加和外发光样式，如图3-1-12和图3-1-13所示。

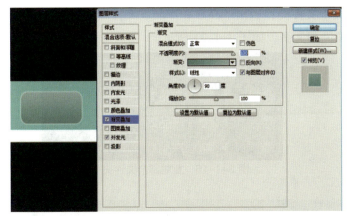

图 3-1-12　添加渐变叠加

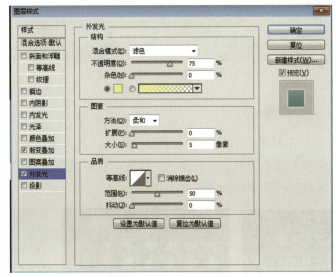

图 3-1-13　添加外发光

（2）再把商品图片放进框内，使用"文字"工具输入"镇店之宝，十年质保"，添加一个圆角选框，填充为白色，输入"买一送八"字样，如图 3-1-14 所示。选中这些图层，按住快捷键"Ctrl+G"进行编组，如图 3-1-15 所示。

图 3-1-14　添加文字

图 3-1-15　文件编组

（3）复制产品 1 文件夹，做出产品 2 和产品 3 文件夹，如图 3-1-16 所示。再分别修改每个文件夹的商品和文字，如图 3-1-17 所示。

图 3-1-16 复制三个文件夹

图 3-1-17 修改商品图片和文字

3. 设计宝贝上新和收藏

（1）使用"形状"工具的"自定形状工具"（图 3-1-18）找到如图的形状（图 3-1-19）添加进去，如果没有这个形状，可以单击"添加全部形状"选项，添加进去。最后输入"每周三上新 收藏店铺"字样，如图 3-1-20 所示。

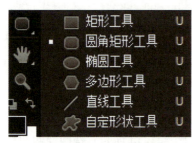
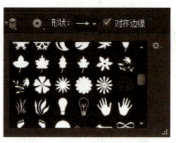

图 3-1-18 自定形状工具　　　图 3-1-19 添加自定形状　　　图 3-1-20 输入文字

（2）最终完成普通店招的设计，如图 3-1-21 所示。

图 3-1-21 普通店招最终效果

步骤二：通栏店招的设计

（1）使用"矩形选框"工具把店招下面的空白区填满，填充色为黑色，如图 3-1-22 所示。

全屏店招案例讲解

图 3-1-22 添加导航区

（2）使用"裁剪"工具，裁剪出一小段图片，包含店招和导航的区域，这个部分称作"页头"（图 3-1-23）。进入淘宝装修后台，找到页头的选项卡进行设置（图 3-1-24），再将整个页面的配色设置为黑色（图 3-1-25）。

图 3-1-23 裁剪工具切出页头

图 3-1-24 设置页头

图 3-1-25 设置页面配色方案

✅ 任务拓展

请同学们在课后设计一个日用百货类店铺的店招，注意店招的尺寸和基本要素。

任务评价

设置店招活动评价表

评价维度	评价内容	评价量规	评价	得分
价值观与情感态度	具备良好的职业情感和服务意识	三级		
	具备创新意识，有具体的创新事件	三级		
	具备人员分工意识、团队精神、活动执行力	三级		
过程与方法	具备信息化技术素养，能够完成信息收集、整理和分析工作	三级		
	具备团队管理、时间管理等管理技巧	是否		
	执行工作规范情况	是否		
知识与技能	了解店招的类型和尺寸	是否		
	掌握店招的设计方法	是否		
	了解导航的类型和设置方法	三级		
说明	三级等级评定赋分规则：一级至三级分别为1分、2分、3分；是否赋分规则："是"为1分，"否"为0分			

任务二　制作商品主图

任务描述

商品主图对商品本身来说是非常重要的，当消费者在搜索商品时，主图一般承载着该商品的主要信息。商品主图是消费者进入店铺的入口，是店铺流量产生的重要来源。商品主图必须充分展现商品的首要外观属性，吸引消费者点击商品主图来浏览商品详情页，促成交易的产生，这样才能充分发挥商品主图的营销功能与品牌宣传功能。

 任务实施

活动一　制作主图活动

活动准备

以淘宝平台为例，商品主图的尺寸是 800 像素 ×800 像素。网店店铺可以设置五张商品主图和一个商品主图视频，五张主图的作用各不同，第一张主图主要设计一些活动信息、商品价格和商品的亮点；第二张主图以设计商品的卖点为主；第三张主图可以设计商品的其他卖点和使用场景；第四张主图可以设计商品的主要属性；第五张主图一般是白底图，可以把商品全貌完全展示出来。其中，第二、三、四张主图的顺序可以随意调换，主要是为了展示商品、店铺的优惠信息、商品卖点和商品优势。这里主要以第一张主图为例进行讲解。

活动实施

主图制作案例1　　主图制作案例2　　主图制作案例3

（1）打开 Photoshop 软件，新建画布，大小为 800 像素 ×800 像素，填充颜色"#95d0d1"（图 3-2-1）。

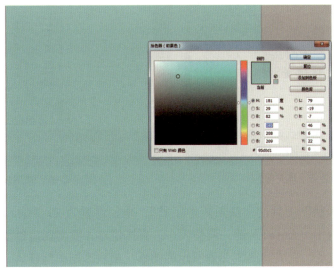

图 3-2-1　填充颜色

（2）使用"形状"工具的"圆角矩形工具"，半径设置为 20 像素，画一个图形（图 3-2-2），按住 Ctrl 键，单击这个图层缩略图，出现圆角选框区域，然后选择绿色图层，按下 Delete 键，删除这个区域，最后把上面的圆角矩形图层删除到垃圾桶里。

图 3-2-2　画圆角矩形框

（3）使用"矩形选框"工具，画一个矩形，填充颜色，再添加投影样式，如图 3-2-3 和图 3-2-4 所示。

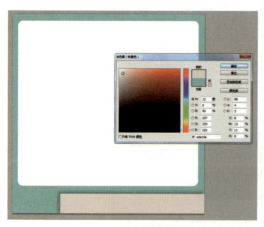

图 3-2-3　填充颜色

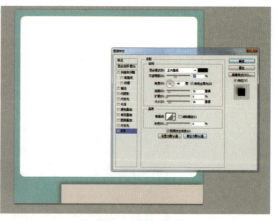

图 3-2-4　添加投影

（4）使用"形状"工具的"圆角矩形工具"，半径设置为 20 像素，画一个圆角矩形框（图 3-2-5），按住"Ctrl+T"键，调整大小，再按住 Ctrl 键出现白色箭头，按住右下角的小框水平向右拖动，完成如图 3-2-6 所示的图形。最后添加图层样式，添加内阴影（图 3-2-7），添加投影（图 3-2-8）。

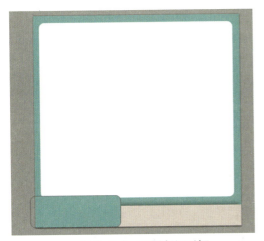

图 3-2-5 画圆角矩形框

图 3-2-6 调整圆角矩形框

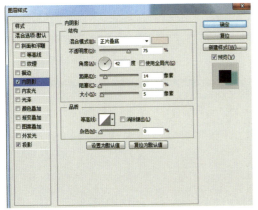

图 3-2-7 添加内阴影

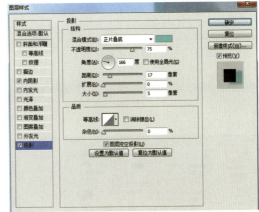

图 3-2-8 添加投影 1

（5）使用"文字"工具，输入"叠券满 200 减 30"字样，分别添加文字的渐变叠加和投影（图 3-2-9 和图 3-2-10）。

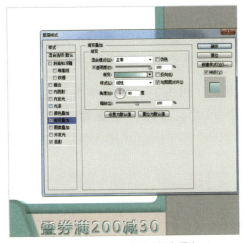

图 3-2-9 添加渐变叠加 1

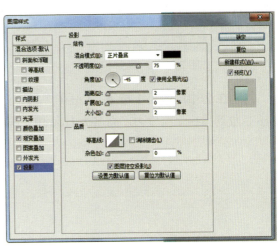

图 3-2-10 添加投影 2

（6）添加商品价格"¥209"，添加文字渐变叠加，如图 3-2-11 所示。添加文字的投影，如图 3-2-12 所示。再分别添加文字，添加投影，如图 3-2-13 所示。再把事先做好的 Logo 拖到图中，如图 3-2-14 所示。

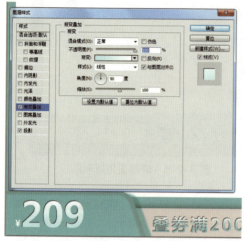

图 3-2-11 添加渐变叠加 2

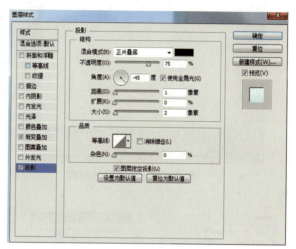

图 3-2-12 添加投影 3

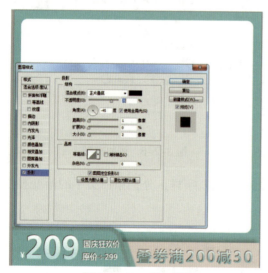

图 3-2-13 添加投影 4

图 3-2-14 添加店铺 Logo

（7）在选中的图层上按下"Ctrl+G"键，进行编组（图 3-2-15），命名为"文案组"。Logo 也放到另一个组里去，命名为 Logo 组。再新建一个组，命名为"产品组"。

图 3-2-15 给图层编组

（8）将准备好的素材拖入产品组里，如图 3-2-16 所示。将眼镜图片拖入框中，复制眼镜图片，按下"Ctrl+T"键，进行垂直翻转，如图 3-2-17 所示。在镜像翻转的图层添加图层蒙版，如图 3-2-18 所示。使用"渐变"工具，选择黑白渐变，如图 3-2-19 所示。再添加图层蒙版，如图 3-2-20 所示。在蒙版图层使用黑白渐变进行"线性渐变"，设置后的效果如图 3-2-21 所示。将三个小组全部编组到"主图 1"文件夹。

图 3-2-16 拖拉背景图

图 3-2-17 进行垂直翻转

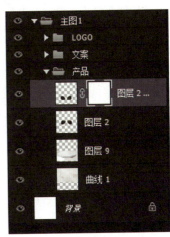

图 3-2-18 添加图层蒙版 1

图 3-2-19　渐变工具

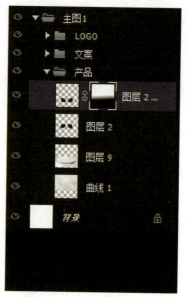

图 3-2-20　添加图层蒙版 2

图 3-2-21　图层蒙版后商品投影的效果

主图的设计要点

　　主图主要展示商品的全貌、商品价格、商品和店铺的优惠活动、店铺 Logo 或商品的亮点。主图是商品的封面图片，所以在设计主图的时候需要挖掘商品最大的亮点或卖点，简明扼要地展示在主图中。如果有活动促销，还要把店铺的主要活动信息和优惠政策展示在主图中，以便快速地吸引消费者点击。

活动二　淘宝主图视频制作

活动准备

近几年，淘宝主图视频越来越火爆。主图视频放在店铺首页，可以为消费者展示商品信息，其重要性不言而喻。

除此之外，主图视频还有以下作用：

1. 视频网站引流

淘宝主图视频除了可以在淘宝店铺展示，还可以在其他视频网站播放。消费者通过视频网站看到主图视频，如果感兴趣会到淘宝网站搜索商品，从而为店铺做淘宝网站外的引流。

2. 站内引流

淘宝网的首页也有主图视频的专项栏，可以吸引消费者通过站内浏览主图视频进入店铺，从而做到站内引流。

3. 社交媒体引流

通过微信、QQ、微博等社交媒体传播，主图视频发掘潜在客户，从而起到很好的宣传引流效果。

下面我们通过用 Premiere Pro Cc（简称 PR）制作一款太阳镜的主图视频（图 3-2-22）来讲解淘宝主图视频的基本制作方法。

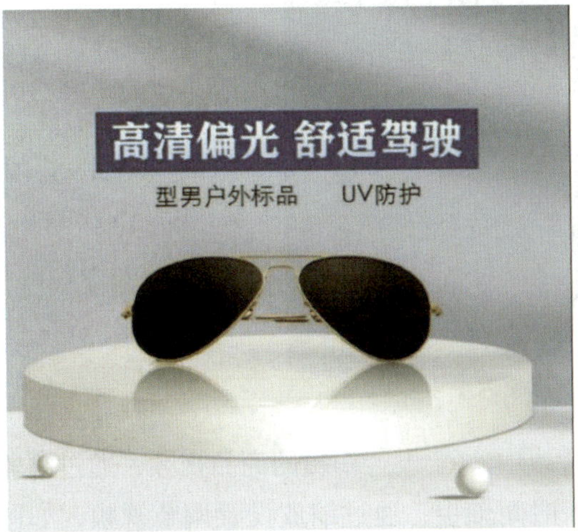

图 3-2-22　太阳镜主图视频

活动实施

（1）在项目面板中选择一张精修之后的主图照片导入时间轴面板，时间设置为 20 帧，如图 3-2-23 所示。

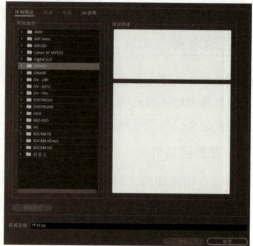

图 3-2-23 素材导入

（2）导入一张未精修的图片，单击右键，选择"缩放为帧大小"选项，通过缩放设置图片由小变大的动画效果，在素材最后一帧单击右键，选择"添加帧定格"选项，定格时长为 10 帧，如图 3-2-24 所示。

图 3-2-24 调整素材大小 1

（3）添加一张主图照片，时长为 2 秒，然后导入一个模特拍摄的商品视频，通过源监视器预览模特视频，选取一段需要的片段插入时间轴中，通过缩放设置调节视频，如图 3-2-25 所示。

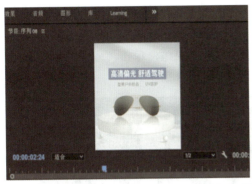

图 3-2-25　添加素材 1

（4）添加一张模特试戴商品主图照片，裁剪时长，然后导入一个模特正面拍摄的商品视频，通过源监视器预览模特视频，选取一段需要的片段插入时间轴中，通过缩放调节视频画面大小，如图 3-2-26 所示。

图 3-2-26　添加素材 2

（5）导入一张未精修的图片，单击右键，选择"缩放为帧大小"选项，通过缩放设置图片的动画效果，在素材最后一帧单击右键，选择"添加帧定格"选项，定格时长为 10帧，如图 3-2-27 所示。

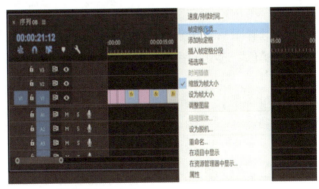

图 3-2-27　调整素材大小 2

（6）导入一个商品视频，通过源监视器预览商品视频，选取一段需要的片段插入时间轴中，通过缩放调节视频画面大小。

（7）查看添加的素材，发现视频色调不均匀，选中视频，单击"效果"面板，通过 Lumetri 调节中间值和亮度，使画面亮度增加，如图 3-2-28 所示。

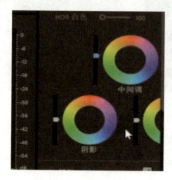

图 3-2-28　Lumetri 调节

（8）给对素材添加转场，单击"编辑"—"首选项"—"时间轴"选项，将视频过渡默认时长改为 10 帧，选中所有素材，按"Ctrl+D"键添加转场，注意将帧定格画面的转场删除，如图 3-2-29 所示。

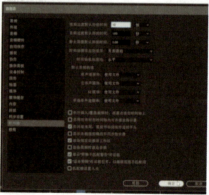

图 3-2-29　添加转场

（9）选择最后一段素材，添加光效素材至 V2 轨道，选择光效素材，选择"不透明度"—"滤色"选项，用同样的方式给前一段模特视频添加滤色。

转场时长

视频制作过程中往往需要给视频设置转场，一般 PR 中默认视频转场时长为 1 秒，有时候转场不需要这么长时间。对于需要大量添加默认转场的视频，我们可以通过首选项更改默认转场时间，这样在添加的时候就方便很多。

活动三　文字制作及视频导出与上传

活动准备

为视频制作文字和背景音乐，然后将其导出上传至淘宝。

活动实施

（1）单击"文件"—"旧版标题"选项，进入文字创作界面，输入商品品牌名称，调节字体大小，如图 3-2-30 所示。

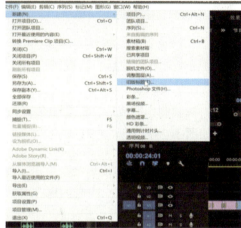

图 3-2-30　添加文字

（2）导入一张背景素材至 V1 轨道，添加特效"轨道遮罩键"，遮罩选择视频 2，如图 3-2-31 所示。

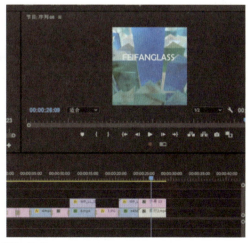

图 3-2-31　添加特效

（3）制作光效，添加一段光效视频至 V3 轨道。选择素材，选择不透明度，选择滤色，如图 3-2-32 所示。

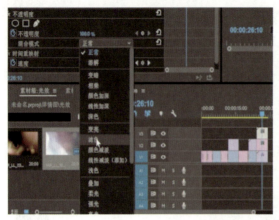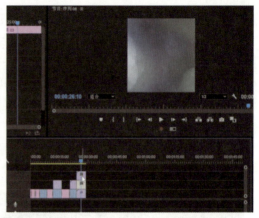

图 3-2-32　制作光效

（4）光效制作完成后，给视频添加音乐素材。

（5）添加音乐素材后，对视频进行整体预览，然后将视频导出。

（6）视频制作完成后，需要上传至淘宝中。先进入千牛后台，单击"出售中的宝贝"选项，如图 3-2-33 所示。

图 3-2-33　编辑商品

（7）选择商品右侧的编辑商品，进入图文描述，选择"主题多视频"右侧区域，如图 3-2-34 所示。

图 3-2-34　添加主图视频

（8）选择主图视频，单击"上传"按钮上传视频，回到商品主界面，看到商品主图视频已经上传成功，如图 3-2-35 所示。

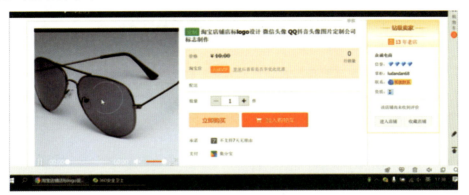

图 3-2-35　商品主图视频上传成功

淘宝的商品主图视频参数设置

　　淘宝的商品主图视频大小一般为 1：1 或者 16：9，使用 1：1 视频，一般时长 ≤ 60 秒，微视频一般建议时长为 15 秒，上传 3：4 的图片 / 视频可以增加商品曝光概率。

任务拓展

　　通过学习设计商品的主图，可以很好地挖掘出商品的卖点和特点，并将其全方面地展示给消费者，让消费者快速了解商品。请同学们试着做一套女包类的商品主图。

任务评价

商品主图制作任务评价表

评价维度	评价内容	评价量规	评价	得分
价值观与情感态度	具备良好的职业情感和服务意识	三级		
	具备创新意识，有具体的创新事件	三级		
	具备人员分工意识、团队精神、活动执行力	三级		

续表

评价维度	评价内容	评价量规	评价	得分
过程与方法	具备信息化技术素养，能够完成信息收集、整理和分析工作	三级		
	具备团队管理、时间管理等管理技巧	是否		
	执行工作规范情况	是否		
知识与技能	了解商品主图的尺寸	是否		
	掌握商品主图的设计方法	是否		
	能够将制作好的视频导出以及上传至淘宝中	三级		
说明	三级等级评定赋分规则：一级至三级分别为1分、2分、3分；是否赋分规则："是"为1分，"否"为0分			

任务三　制作商品详情页

✅ 任务描述

　　良好的商品详情页是提高商品转化率的重要因素。首先，详情页能清楚地介绍商品信息，减少售前客服的咨询工作量，消费者通过浏览详情页，可以清楚地知道商品的有关情况；其次，详情页对于店铺而言是吸引消费者下单的重要环节，它能展示商品价值，让消费者对商品更了解，促进消费者下单；再次，在详情页内说明购物须知、售后服务流程等，可以减少售后纠纷，避免不必要的售后问题。

制作商品详情页
（上）

✅ 任务准备

　　商品详情页对于一个商品的展现来说是非常重要的，它可以全方面地向消费者展示很多重要的信息，因此在制作详情页前需要规划好布局。

制作商品详情页
（下）

商品详情页的设计准备

（1）做好市场调研。

（2）做好商品的市场定位。

（3）挖掘商品的卖点和亮点。

（4）确定好配色方案。

详情页设计的重要环节——布局

详情页的布局是详情页设计的重要环节之一，在设计的时候需要先了解宣传商品的逻辑性，布局之间要有条理地进行衔接，以便更好地展示商品的特点和亮点，让消费者快速了解商品用途。下面列出了一些商品详情页会用到的布局模块内容，大家可以根据自己店铺的商品去增减和调整布局模块之间的顺序。

（1）店铺活动和商品优惠信息。

（2）商品的焦点海报图。

（3）品牌故事或企业文化。

（4）商品的卖点图、特点图。

（5）和其他店铺商品优缺点对比。

（6）商品的主要信息、属性和参数。

（7）商品的细节展示图。

（8）商品的物流与售后说明。

商品详情页设计尺寸

（1）淘宝C店详情页的宽度是750像素，高度不限。

（2）淘宝天猫店详情页的宽度是790像素，高度不限。

分析活动

根据陶然家居商品详情页的案例（图3-3-1），布局大致可以分为四个部分：

（1）商品的焦点图和卖点图。

（2）商品的属性、主要信息和参数。

（3）商品的细节展示。

（4）商品的物流与售后说明。

制作商品详情页案例1　　制作商品详情页案例2　　制作商品详情页案例3

制作商品详情页案例4　　制作商品详情页案例5

图 3-3-1　陶然家居商品详情页

任务实施

步骤一：制作商品的焦点海报和卖点图

1. 制作商品的焦点海报

（1）打开 Photoshop 软件，新建画布，大小为 750 像素 ×9 000 像素，按住 "Ctrl+N" 键新建图层，添加商品图片（图 3-3-2），使用 "文字" 工具，输入文案，将 "经典" 和 "偏光" 四个字变大（图 3-3-3）。

图 3-3-2　添加商品图片　　　　　图 3-3-3　输入文案

（2）给文字添加图层样式 "渐变叠加" 和 "投影"，如图 3-3-4 和图 3-3-5 所示。

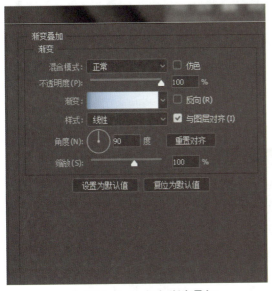 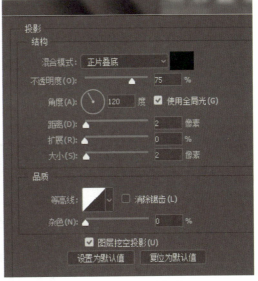

图 3-3-4　添加渐变叠加　　　　　图 3-3-5　添加投影

（3）给商品添加台子的效果。使用 "套索" 工具的 "多边形套索"，画出台子的效果，如图 3-3-6 和图 3-3-7 所示，左侧台面的颜色值为 "# b4b4b4"，右侧台面的颜色值为 "# d0d3d8"。

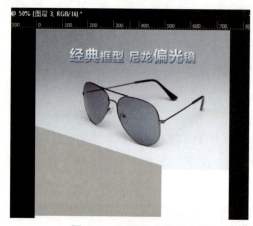

图 3-3-6　添加左侧的台面

图 3-3-7　添加右侧的台面

（4）使用"文字"工具，添加主标题后面的英文字（图 3-3-8），按"Ctrl+T"键，将英文字纵向变形（图 3-3-9），添加图层样式"描边"，将填充设置为"0"，将这个图层不透明度调整为"41%"（图 3-3-10），最终效果如图 3-3-11 所示。

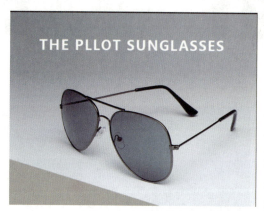

图 3-3-8　添加英文字

图 3-3-9　文字变形

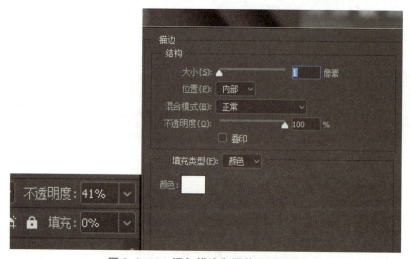

图 3-3-10　添加描边和调整不透明度

图 3-3-11　添加主标题后面的英文字

（5）使用"文字"工具添加副标题和下面的英文字（图 3-3-12），再添加 UV 防护标志（图 3-3-13）。

图 3-3-12　添加副标题

图 3-3-13　添加 UV 防护标志

（6）再添加商品功能的图标素材（图 3-3-14），最后将所有的图层进行编组，按"Ctrl+G"键，将其命名为"商品海报"。

图 3-3-14　添加商品功能图标

2. 制作商品的卖点图

（1）商品卖点一。

1）按"Ctrl+N"键新建图层，使用"矩形选框"工具画一个矩形，并填充颜色"#d2e3f6"，如图3-3-15所示。

图 3-3-15 填充颜色

2）使用"矩形选框"工具画两个矩形，一个大的，一个小的，外框的颜色值是"#3c71a7"，内框的颜色值是"#c9c9ca"，如图3-3-16所示。

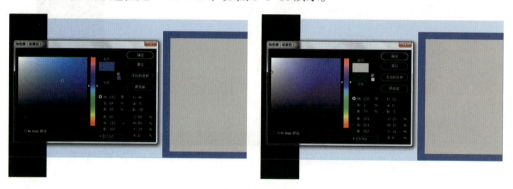

图 3-3-16 填充内外框颜色

3）添加模特素材到画面中，将左侧模特的图层"不透明度"调整到13%，如图3-3-17所示。

图 3-3-17 放置模特素材到画面中

4）使用"文字"工具将商品卖点文案加入图片中，如图 3-3-18 所示。按"Ctrl+G"键，将做的图层全部编组到文件夹，命名为"卖点 1"。

图 3-3-18　加入商品卖点文案

（2）商品卖点二。

1）按"Ctrl+N"键新建图层，将素材图插入图中，如图 3-3-19 所示。

2）使用"形状"工具的"圆角矩形工具"，设置半径为 20，画一个空心的圆角选框，如图 3-3-20 所示。

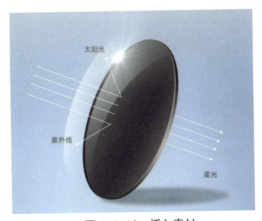

图 3-3-19　插入素材

图 3-3-20　画圆角矩形

3）添加商品卖点文案，将主标题的文字加大加粗，如图 3-3-21 所示。

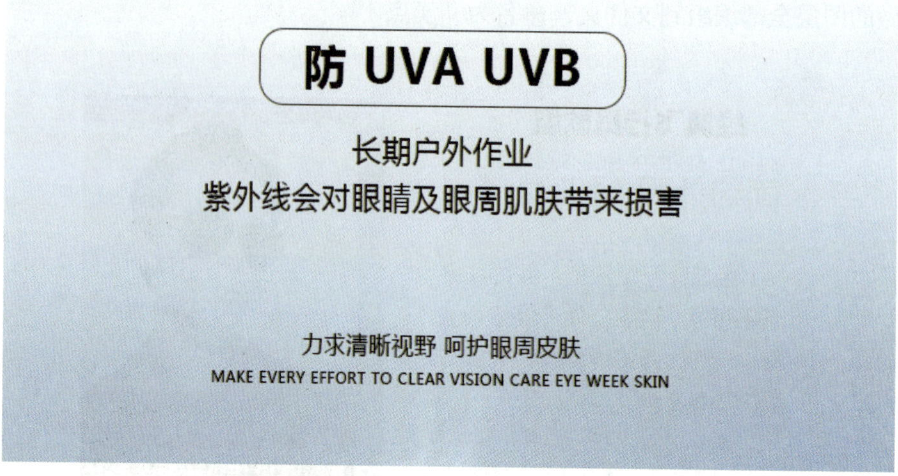

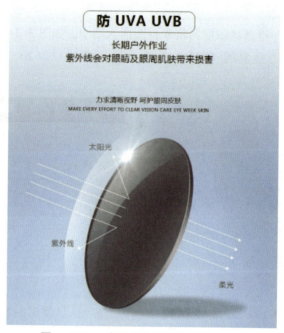

图 3-3-21　加入商品卖点文案

4）商品卖点最终效果如图 3-3-22 所示。将这些图层进行编组，按"Ctrl+G"键，将文件夹命名为"卖点 2"。

图 3-3-22　商品卖点二最终效果

（3）商品卖点三。

1）按"Ctrl+N"键新建图层，使用"矩形选框"工具画一个矩形，并填充颜色，如图 3-3-23 所示。

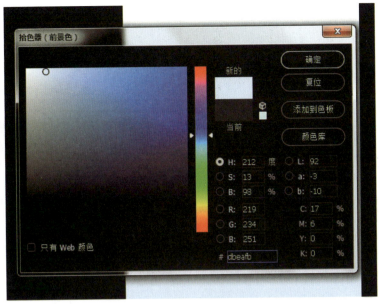

图 3-3-23　添加颜色

2）添加两张图片素材到画布中，并给图片添加图层样式"描边"，如图 3-3-24 和图 3-3-25 所示。

图 3-3-24　添加图片素材

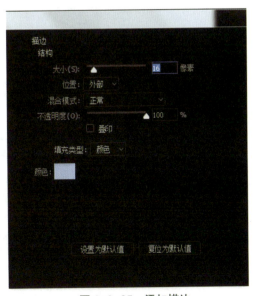

图 3-3-25　添加描边

3）使用"形状"工具中的"圆角矩形工具"添加圆角矩形框，将描边关掉，填充颜色"# b5ceec"（图 3-3-26），然后按"Ctrl+T"键，拖动左下角的图标，最后变形成图 3-3-27。

 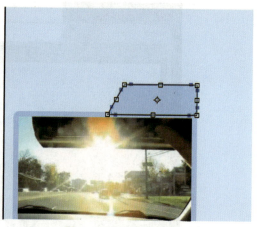

图 3-3-26 添加圆角矩形框　　　　　　　　图 3-3-27 变形圆角矩形

4）下面的圆角矩形按照上面的方法进行操作，调整图层的顺序，如图 3-3-28 所示。

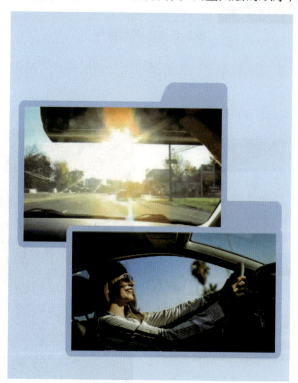

图 3-3-28 添加圆角矩形框

5）使用"文本"工具的"直排文字"工具，添加英文字，将"不透明度"设置为53%，如图 3-3-29 所示。

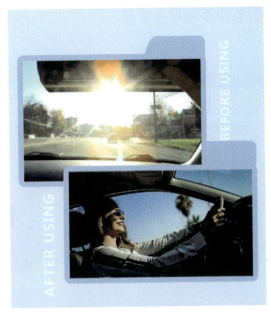

图 3-3-29　添加直排英文字

　　6）使用"文本"工具，添加商品卖点三的文案，注意文案主副标题的区别，主标题要加粗加大。使用"形状"工具的"圆角矩形工具"，添加圆角矩形框，颜色值为"# 3c71a7"。商品卖点三最终效果如图 3-3-30 所示。选中所作的这些图层，按下"Ctrl+G"键，将这些图层进行编组，将文件命名为"卖点三"。

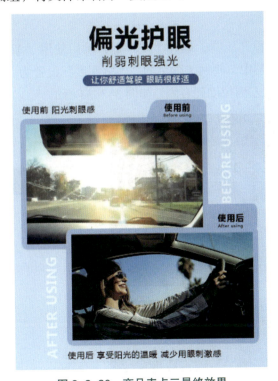

图 3-3-30　商品卖点三最终效果

步骤二：制作商品的基本信息和参数

1. 制作商品参数

（1）按"Ctrl+N"键新建图层，使用"形状"工具的"直线工具"，在图中画出一些线条，再使用"文本"工具，添加对应的参数（图3-3-31）。

（2）添加商品素材，最终效果如图3-3-32所示。选中制作的图层进行编组，将文件夹命名为"商品参数"。

图3-3-31 添加参数信息

图3-3-32 添加商品图

2. 制作商品展示

（1）使用"矩形选框"工具，画一个矩形框，然后使用"渐变"工具中的"线性渐变"方式。在渐变编辑器中，将两头颜色的"不透明度"设置为"0"（图3-3-33），使用"线性渐变"方式将其从左侧拉动到右侧，如图3-3-34所示。

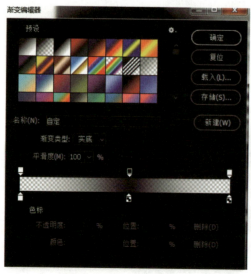

图3-3-33 编辑渐变

图3-3-34 线性渐变

（2）使用"自由变换"工具，将图层垂直缩放，效果如图 3-3-35 所示。再使用"文本"工具编辑文案，加入商品素材，最终效果如图 3-3-36 所示。

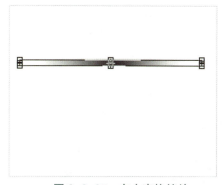

图 3-3-35 自由变换缩放

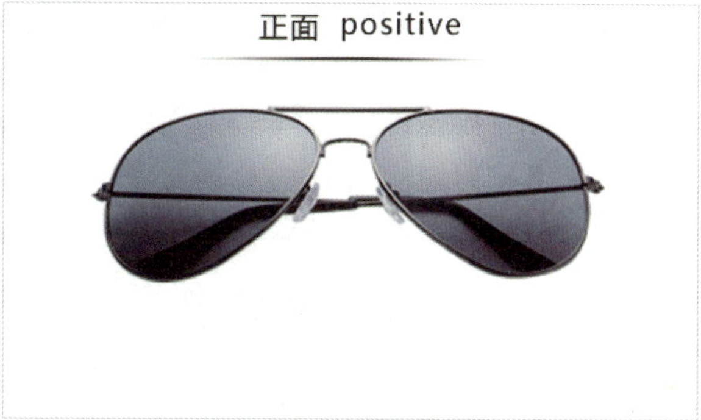

正面 positive

图 3-3-36 最终效果

（3）重复（2）的步骤，制作出"45°展示"和"两色展示"效果，如图 3-3-37 和图 3-3-38 所示。选中制作的图层进行编组，文件夹命名为"商品展示"。

45°展示 display

图 3-3-37 45°展示

两色展示 color display

蓝黑色　　　　　蓝紫色

图 3-3-38 两色展示

步骤三：制作商品细节部分

（1）按"Ctrl+N"键新建图层，然后使用"文本"工具输入标题文字，如图 3-3-39 所示。

Product Details

产品细节

图 3-3-39 制作标题文字

（2）使用"文本"工具输入"01"，添加"外发光"图层样式，使用"多边形"工具勾画出三角形，如图 3-3-40 所示。

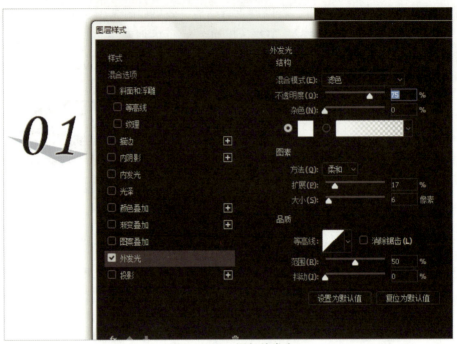

图 3-3-40 添加外发光

（3）添加细节图片和文案，最终效果如图 3-3-41 所示。将这些图层进行编组，文件夹命名为"01"。

（4）重复以上操作，建立 02 ~ 04 商品细节和文件夹，最终效果如图 3-3-42 ~ 图 3-3-44 所示。

图 3-3-41 添加细节图片和文案

图 3-3-42 细节图 1

图 3-3-43　细节图 2

图 3-3-44　细节图 3

步骤四：制作物流与售后部分

（1）按"Ctrl+N"键新建图层，使用"形状"工具的"圆角矩形工具"和"矩形工具"画出以下图形，如图 3-3-45 所示。

图 3-3-45　画出图形

（2）使用"文本"工具，输入售后文案，最终效果如图 3-3-46 所示。

图 3-3-46 物流与售后部分最终效果

任务拓展

通过学习制作商品详情页，可以很好地挖掘出商品的卖点和特点，并全方位地展示给消费者，让消费者快速了解商品，提高商品的转化率。请同学们试着做一套女包类的商品详情页。

任务评价

制作商品详情页活动评价表

评价维度	评价内容	评价量规	评价	得分
价值观与情感态度	具备良好的职业情感和服务意识	三级		
	具备创新意识，有具体的创新事件	三级		
	具备人员分工意识、团队精神、活动执行力	三级		

续表

评价维度	评价内容	评价量规	评价	得分
过程与方法	具备信息化技术素养，能够完成信息收集、整理和分析工作	三级		
	具备团队管理、时间管理等管理技巧	是否		
	执行工作规范情况	是否		
知识与技能	了解商品详情页的布局	是否		
	掌握商品详情页每个模块的做法	是否		
	了解商品详情页的设计要点	三级		
说明	三级等级评定赋分规则：一级至三级分别为 1 分、2 分、3 分；是否赋分规则："是"为 1 分，"否"为 0 分			

任务四　制作全屏海报

 任务描述

　　首页店铺装修除了店招，最重要的就是全屏海报，它位于店招的下方，也可以设置为轮播图。一张好的全屏海报图的核心是吸引力。要想引起访客的注意，首先要分析访客的特征。淘宝店铺经营流程是一环扣一环的，吸引点击率只是第一步，下一步希望得到的是转化。所以设计图要结合商品特点，符合审美原则。

制作全屏海报

 任务准备

🛒 **全屏海报的设计要点**

1. 设计前的思考

设计一张全屏海报需要思考许多问题，例如商品促销活动、受众范围、受众需求等。

简言之，就是想通过这张海报，传达什么样的信息或目的。

2. 颜色搭配

全屏海报的颜色要有主辅色搭配或添加点缀色。背景色和商品的颜色搭配要和谐，不要太花哨，要起到衬托商品的作用。全屏海报是店铺首页中最显眼的部分之一，所以要利用好颜色的搭配，吸引消费者的视线。

3. 布局比例

全屏海报的布局比例是：重要信息占 70%，次要信息占 25%，点缀信息占 5%。注意整体版式的留白，这样做出来的海报才不会显得拥挤。

4. 文案的布局

全屏海报的文案能够传递重要信息，在店铺首页可以起到引流的作用。文案内容不要太多太满，重点提炼商品的卖点和特点。如果要宣传店铺"大促"活动，需要清晰地表达活动规则和商品促销信息。精练文案还要注意文字排版，以达到视觉效果的提升。在设计全屏海报时，主要信息一般放在海报的中间位置，和普通店招的宽度一致，避免部分电脑分辨率低显示不完全的现象出现。

制作全屏海报案例1　　制作全屏海报案例2　　制作全屏海报案例3　　制作全屏海报案例4

✅ 任务实施

步骤一：制作背景图

打开 Photoshop 软件，新建画布，大小为 1 920 像素 ×500 像素，使用"形状"工具画出如图 3-4-1 所示图形，颜色值是"# ff0072""# 95d1d2"。

图 3-4-1　背景图层

步骤二：制作背景图案

（1）使用"矩形选框"工具，单击工具栏"样式"里的"固定大小"，将宽度设置为485 像素，高度设置为 200 像素，放在右侧。然后按"Ctrl+R"键打开"标尺"，使用"移动"工具拖拉出参考线，左侧重复操作，尽量将主要画面放在中间的位置。

（2）使用"形状"工具中的"圆角矩形工具"，将半径设置为 20 像素，关闭"填充"，"描边"值设置为 12 像素，如图 3-4-2 所示。

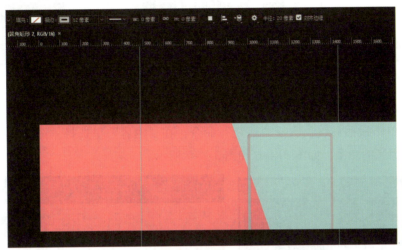

图 3-4-2 制作边框

（3）将模特素材放进画布，如图 3-4-3 所示。

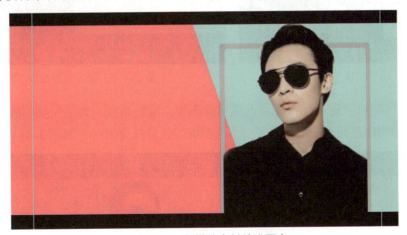

图 3-4-3 把模特素材放进画布

（4）单击"文件"命令，新建一个 20 像素 ×20 像素的画布，新建图层，使用"圆形选框工具"在中间画一个圆，填充白色。注意，不要画满，留一些空隙出来。双击背景图层右侧的"小锁"图标，解锁后，把图层隐藏，露出透明底，如图 3-4-4 所示。

（5）单击"编辑"菜单的"定义图案"命令，将圆形图形定义成图案，如图3-4-5 所示。

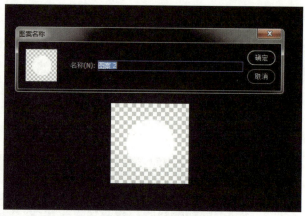

图 3-4-4　填充图案　　　　　　　　　　图 3-4-5　定义图案

（6）回到海报界面，使用"矩形选框"工具，"样式"选择"正常"，在画布中间画一个矩形框，单击鼠标右键，选择"填充"命令，在"内容"里选择"图案"，在"选项"里选择刚才定义的图案，如图 3-4-6 和图 3-4-7 所示。

图 3-4-6　填充自定义图案　　　　　　　图 3-4-7　填充背景图案

（7）按"Ctrl+T"键选择白色圆点图案的图层，旋转角度，如果长度不够，可以再复制一层，最后将白色圆点图案的图层"不透明度"值设置为 20%，如图 3-4-8 所示。

图 3-4-8　添加背景图案层

（8）使用"文本"工具，添加英文装饰，适当地调整文字图层的不透明度，如图3-4-9所示。

图3-4-9　添加英文字体层

（9）使用"形状"工具中的"直线工具"和"椭圆工具"画出线段，如图3-4-10所示。

图3-4-10　画线段

步骤三：制作全屏海报文案

（1）使用"文本"工具，输入文字"国庆抢镜"，选择合适的艺术字体，将文本字体进行"栅格化"。将文字大小调整好并摆好位置，添加"外发光"图层样式，如图3-4-11所示。

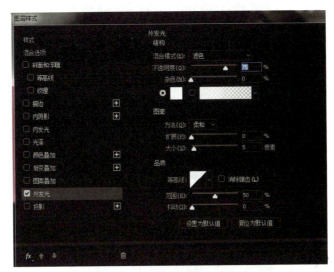

图3-4-11　给标题添加外发光

图 3-4-11　给标题添加入外发光（续）

（2）使用"椭圆形选框"工具，按"Ctrl+N"键新建图层，画一个椭圆形，填充白色。重复刚才的步骤，再画一个扁的椭圆形，如图 3-4-12 所示。选择白色的椭圆形那层，按下"Delete"键删除中间的白色区域，然后给这个图层添加"外发光"图层样式，如图 3-4-13 所示。

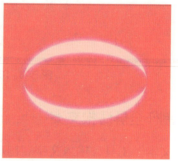

图 3-4-12　删除空白区域

图 3-4-13　添加外发光

（3）使用"文本"工具，添加海报文案，如图3-4-14所示。

图3-4-14　添加海报文案

（4）使用"形状"工具中的"圆角矩形工具"，半径设置为20像素，使用"填充"工具中的"渐变"工具设置，如图3-4-15所示。

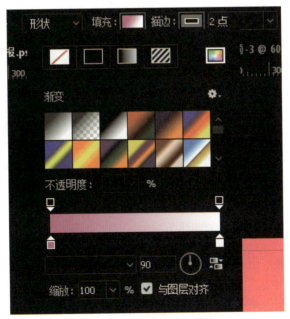

图3-4-15　设置渐变

（5）把剩下的文案全部输入进去，最终效果如图3-4-16所示。

图3-4-16　全屏海报最终效果

任务拓展

通过学习设计制作全屏海报，可以很好地了解设计全屏海报的要点知识，掌握字体、图片、颜色等重要元素的排版。请同学们试着做一张自己店铺的全屏海报。

任务评价

制作全屏海报活动评价表

评价维度	评价内容	评价量规	评价	得分
价值观与情感态度	具备良好的职业情感和服务意识	三级		
	具备创新意识，有具体的创新事件	三级		
	具备人员分工意识、团队精神、活动执行力	三级		
过程与方法	具备信息化技术素养，能够完成信息收集、整理和分析工作	三级		
	具备团队管理、时间管理等管理技巧	是否		
	执行工作规范情况	是否		
知识与技能	了解全屏海报的尺寸	是否		
	掌握全屏海报的设计要点	是否		
	了解全屏海报的制作方法	三级		
说明	三级等级评定赋分规则：一级至三级分别为1分、2分、3分；是否赋分规则："是"为1分，"否"为0分			

任务五　制作首页整体效果图

任务描述

  店铺首页的视觉效果直接影响消费者浏览店铺的直观感受，因此，为了设计出具有吸引力的店铺首页，需要了解店铺首页的主要功能和布局，并通过设计将其清晰地呈现出来，这样才能更好地留住消费者，增加浏览时间，加强购物体验。

设计首页装修（上）　　　设计首页装修（下）

任务准备

（一）店铺首页的主要功能

1. 陈列商品

  在店招下会有一个全屏海报，一般展示可以引流的热销商品，店铺中间部分陈列一些上新商品、活动商品和分类商品等。

2. 展示优惠活动和促销信息

  在店铺中上方比较显眼的位置，一般用来展示优惠券和活动商品，以吸引更多的消费者点击，提高店铺转化率。

3. 分类导航

  店铺首页除了店招下面的导航条，在其他位置也可以设计一个导航区域，如图片分类导航或者文字导航，好让消费者快速找到自己想要的商品。这样不仅提高了店铺的点击率和转化率，也避免消费者因找不到想要的商品而直接跳转到其他店铺。

4. 展示品牌或者店铺信息

  拥有自己的独立品牌的店铺和企业入驻的店铺，可以在店铺首页展示自己独立的品牌风格和企业文化形象。

（二）店铺首页的布局

（1）店铺首页的布局需要根据店铺的品牌或者店铺定位进行设计，因此需要考虑店铺的受众人群、商品特点、店铺活动、平台活动、节日等综合因素。

（2）店铺首页是一张地图，为了让消费者更快地找到自己需要的商品，应在店铺首页模块之间放置分割区域，避免区域混乱、模块之间关系不清楚等现象出现。

（3）店铺活动、促销信息、清仓模块、上新模块、页尾等设计要丰富而有层次性，例如在店铺首页最上方是热销商品、掌柜推荐、店铺活动等，中间部分为新品模块、分类模块，在首页中下方应放置清仓打折模块等，页尾的模块也可以展示一些店铺的重要信息。

（三）分析活动

根据图 3-5-1 所示的陶然家居店铺首页，分析该店铺首页应该放哪些内容。店铺首页主要分为以下三部分：

（1）店铺头部（店招、导航、全屏海报／轮播图）。

（2）店铺中间部分（优惠券、热卖推荐、新品上市、商品推荐／品类推荐）。

（3）店铺页尾部分（店铺的企业文化和 Logo）。

图 3-5-1　陶然家居首页效果图

制作首页效果案例1　　制作首页效果案例2　　制作首页效果案例3

任务实施

步骤一：制作优惠券模块

（1）先将制作好的店招和全屏海报添加到装修模块中去，然后开始制作首页的中间部分。首先制作优惠券背景部分：新建画布，尺寸为950像素×1 325像素，按"Ctrl+N"键新建图层，使用"矩形选框"工具画一个950像素×172像素的矩形框，填充颜色值"# f7f7f7"。再使用"矩形选框"工具画一个212像素×172像素的矩形框，填充颜色值"# 95d0d1"，如图3-5-2所示。

图3-5-2　画优惠券背景

（2）使用"形状"工具的"自定形状工具"，找到右侧的齿轮按钮，单击"全部"的"追加"按钮，将形状载入进去，如图3-5-3所示。

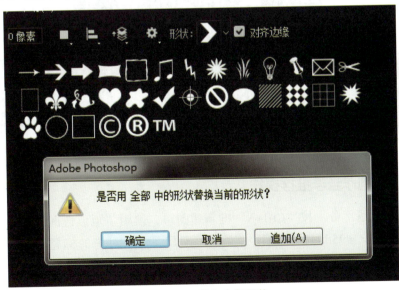

图3-5-3　载入全部形状

（3）找到"购物车"图标，填充白色，使用"文本"工具输入对应的文案，如图3-5-4所示。

图3-5-4 制作优惠券左侧图形

（4）使用"形状"工具的"圆角矩形工具"，半径设置为20，然后画一个椭圆形框，填充颜色值"＃95d0d1"。使用"文本"工具输入对应的文字，如图3-5-5所示。将这几个图层选中，然后进行编组，按"Ctrl+G"键，将文件夹命名为"20"。

图3-5-5 制作20元优惠券

（5）复制"20"文件夹，命名为"30、50、80"文件夹，然后移动位置，修改相应的文字，按"Ctrl+G"键，将这些图层进行编组，命名为"优惠券模块"，如图3-5-6所示。

图3-5-6 制作优惠券模块

步骤二：制作当季推荐模块

（1）制作标题部分。按"Ctrl+N"键新建图层，使用"矩形选框"工具，画一个长条，填充颜色值"#95d0d1"，使用"文本"工具，输入对应的标题文字，如图3-5-7所示。

图 3-5-7 制作标题部分

（2）使用"矩形选框"工具画出图 3-5-8 中的布局模块，填充颜色值"#f7f7f7"。

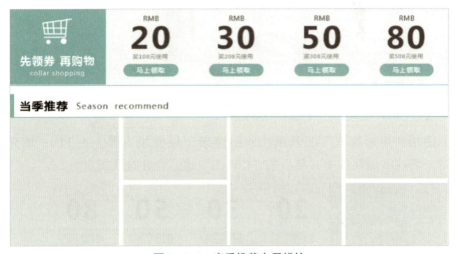

图 3-5-8 当季推荐布局模块

（3）将商品素材拖入布局中，再使用"文本"工具，在商品下面输入对应的文字，如图 3-5-9 所示。将这些图层选中，进行编组，文件夹命名为"当季推荐模块"。

图 3-5-9 当季推荐制作效果图

步骤三：制作品类推荐模块

（1）制作标题部分。按"Ctrl+N"键新建图层，使用"矩形选框"工具，画一个长条，填充颜色值"#95d0d1"，使用"文本"工具，输入对应的标题文字，如图3-5-10所示，在右侧添加文字"点击更多more>>"。

图 3-5-10　制作标题部分

（2）使用"矩形选框"工具画出收纳整理布局模块（图3-5-11），填充颜色值"#f7f7f7"。将这些图层选中，然后按"Ctrl+E"键，合并这些图层。

图 3-5-11　收纳整理布局模块

（3）拖入一张商品素材，当素材大于布局框时，按"Alt+Ctrl+G"键，通过"创建剪贴蒙版"将商品素材移动到合适的位置。其他素材重复此步骤，最后的效果如图 3-5-12 所示。将这些图层选中进行编组，文件命名为"品类推荐模块"。

图 3-5-12　制作品类推荐模块

步骤四：制作页尾模块

按"Ctrl+N"键新建图层，使用"矩形选框"工具画一个 950 像素 × 180 像素的矩形框，填充颜色值"# 95d0d1"，然后把店铺 Logo 拖入框中，居中摆放，在 Logo 下方使用"文本"工具输入文案，如图 3-5-13 所示。

图 3-5-13　制作页尾部分

任务拓展

通过学习设计店铺首页的效果图，掌握了相关技能，请同学们为自己的店铺设计一个首页效果图。如果没有店铺，可以制作一个运动鞋类目店铺的首页。

任务评价

制作首页活动评价表

评价维度	评价内容	评价量规	评价	得分
价值观与情感态度	具备良好的职业情感和服务意识	三级		
	具备创新意识，有具体的创新事件	三级		
	具备人员分工意识、团队精神、活动执行力	三级		
过程与方法	具备信息化技术素养，能够完成信息收集、整理和分析工作	三级		
	具备团队管理、时间管理等管理技巧	是否		
	执行工作规范情况	是否		
知识与技能	了解首页设计的要点	是否		
	掌握首页各个模块的制作方法	是否		
	掌握首页布局的主要内容	三级		
说明	三级等级评定赋分规则：一级至三级分别为1分、2分、3分；是否赋分规则："是"为1分，"否"为0分			

素 养 课 堂

发扬求实精神，注重实际效果，不断优化设计方案

电商美工在工作中发扬求实精神是非常重要的。求实精神主要体现在对待工作的态度上，要求电商美工在处理图片、设计页面时要以客观事实为依据，追求真实、准确和可靠。

首先，电商美工要确保所设计的页面内容真实、准确，不夸大，不虚假。例如，不能因为追求视觉效果而过度美化商品图片，导致消费者对商品的期望过高，最终影响销售效果。同时，在处理商品图片时，也要注意不改变商品本身的颜色、形状等基本属性，保持图片的真实性。

其次，电商美工要追求设计细节的准确性。在设计页面时，要充分考虑页面的布局、颜色搭配、字体选择等细节，使页面符合电商平台的规范，并且能够准确地传递商品信息。同时，要注意保持页面的一致性，确保不同页面的设计风格和信息传递是一致的，避免给消费者带来不必要的困扰。

最后，电商美工要有高度的责任心和敬业精神。在工作中，要时刻保持警惕，严格把关各个环节的工作质量，确保最终呈现给消费者的页面是经过精心设计的。同时，要不断学习和探索新的设计技巧和趋势，提高自己的专业水平，为电商平台的运营和发展做出更大的贡献。

总之，发扬求实精神是电商美工在工作中不可或缺的品质。只有秉持真实、准确、可靠的原则，才能赢得消费者的信任和认可，为电商平台的可持续发展做出贡献。

项目四

店铺运营

项目综述

网店运营是众多自主创业者较容易接触的一种创业方式。当前网店的数量越来越多，市场竞争越发激烈，流量被众多同类网店分摊，盈利已经不像电商初期那样容易。

因此，在店铺运营过程中，只有不断提升运营技能，应用运营技巧，合理使用运营工具，才能让自己的店铺在市场之中脱颖而出，实现盈利。在店铺运营中，需要掌握哪些店铺运营知识和运营工具呢？

让我们一起走进项目四，学习店铺运营的相关知识吧！

知识目标

1. 学会规划店铺商品；
2. 掌握发布宝贝的流程；
3. 了解免费流量和付费流量；
4. 熟悉同质店铺的识别；
5. 熟悉常见的推广工具。

技能目标

1. 掌握商品功能分类；
2. 掌握宝贝发布中的参数设置；
3. 掌握自然搜索流量的获取手段；

4. 掌握用户画像的制作方法；

5. 掌握付费流量的使用工具。

情感目标

1. 培养态度认真、严谨细致的职业情感和服务意识；

2. 培养工作中逻辑流畅、条理清晰的任务完成能力；

3. 培养团结、协作的团队意识和沟通能力；

4. 培养现代化建设人才意识。

任务一　店铺规划，做好店铺定位

任务描述

在注册并开设好店铺之后，可以先不用急着去经营自己的店铺，这样没有目的的经营店铺效率不高，且常常会走许多弯路。在经营店铺之前，可以先对自己店铺做一个完整的规划，明确目标，有针对性地去做各项工作，才能起到事半功倍的效果。

任务实施

活动一　店铺定位

活动准备

在经营店铺之前，应当对店铺经营有一个清晰的定位。现在网络购物平台众多，网络购物也成了大家熟悉的一种生活方式，市场非常广阔，经营范围涵盖各种各样的商品。这些商品用途不同，价格不同，消费群体也不同。

活动实施

步骤一：做好店铺定位

从高中低档市场中，通过细分，挑选适合网店的市场着重经营，就是店铺定位。在完成店铺定位之后，还需要为店铺树立一个品牌形象，这对提高店铺的竞争力和信任度有着重要作用。众多网店卖家，都会在 Logo、展示图片、文字描述当中，树立品牌形象，用以区分其他卖家，凸显自己，如图 4-1-1 所示。

图 4-1-1　品牌形象

步骤二：树立品牌形象

在树立品牌形象时，可以从商品特点、目标客户群体、情感文化等方面出发，结合自身资源、市场现状和经营方向来设计品牌形象。例如知名的原创设计品牌女装裂帛，品牌理念为本真、释放、理想主义的表述。裂帛用服饰延伸着人们对色彩、自然、情感共通的热爱与表达，通过分享内心生活的感动和喜悦来向消费者传达品牌形象，如图 4-1-2 所示。

图 4-1-2　裂帛海报

将店铺打造成具有自身特征，以一种贯穿始终的文化风格，将店铺功能和目标消费群体连接在一起，把品牌文化传达给消费者，并在消费者心中占据一席之地，这是一个长期往复的工作，需要持之以恒。所以在店铺经营前期，做好店铺定位和品牌形象非常重要。

活动二 规划商品

活动准备

商品是构成店铺的基础，也直接决定了店铺自身的诸多要素。在规划商品时，应当符合店铺的定位和文化形象，再结合市场环境和店铺自身需要，根据商品自身属性的不同将它们划分成不同的档次。

活动实施

步骤一：关注市场和消费者

规划店铺商品时，需要重点考虑市场和消费者，例如，当前市场销售环境如何、市场风向动态、客户需求、竞争对手、商品的竞争力度、收益情况等都需要了解。在开设店铺之后，可以通过网店平台提供的后台工具来了解市场动态，例如淘宝的千牛工作台。登录淘宝网首页后，单击"千牛卖家中心"选项，如图4-1-3所示，可以看到淘宝平台为卖家提供的各种工具。

图4-1-3　千牛卖家中心入口

进入千牛工作台后，单击"数据"选项，可以使用生意参谋功能，如图4-1-4所示。在生意参谋中，单击"市场功能"选项，可以查看更多的详细数据。

图4-1-4　千牛工作台

步骤二：商品规划

在规划商品时要分整体层面和个体层面，整体需要考虑到所有商品的结构规划，各种营销作用的商品是否完整，是否要形成系列等。个体层面要考虑各个商品的营销导向、生命周期、类目选择、文案风格等。

可以提前规划好店铺商品的各项功能，再根据需要去寻找相应货源，或者根据自身已有资源将商品分配到不同的位置上，有针对性地经营店铺，提高效率。大部分新手店家不具备自身的货源渠道，这时可以通过网络平台去建立自身的货源渠道。例如，通过1688平台寻找货源。

1688以批发和采购业务为核心，里面货源众多，有优有劣，所以在通过网络平台建立货源渠道的同时，也要对商品质量严格把关，寻找优质货源。可以直接在搜索框中寻找需要的货品，如图4-1-5所示。

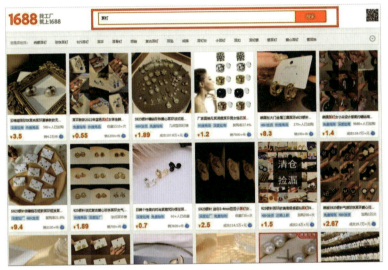

图 4-1-5　1688搜索框

在挑选货源时，可以根据自身需求进行挑选，例如价格、销量、品牌等。

除此之外，还应根据自身店铺需求，挑选符合店铺需要的相应服务，货源不同，能够提供的服务也不同，如图4-1-6所示。

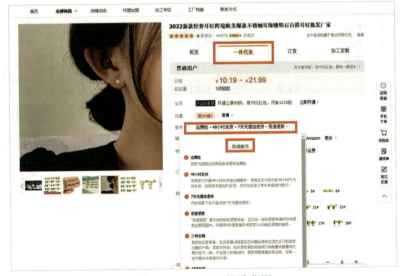

图 4-1-6　1688挑选货源

1688平台的核心业务主要分为垂直行业市场及特色服务频道。垂直行业市场主要针对行业特性，为买卖家提供行业内品质货源及具有行业特色的导购等服务。特色服务频道主要包括伙拼、快订、淘工厂、代理加盟、采购商城等，这些频道着眼于聚合买家需求，深入供应链前端，提高供应链和商品流通效率。

活动三 产品分类

活动准备

产品分类通常分为两个层面，一是产品展示分类，二是产品经营方向分类。

活动实施

步骤一：产品展示分类

用户在进入店铺页面时，第一印象非常重要。产品展示分类，就像店铺的脸面，让用户可以快速判定这是什么类型的产品。通过将产品进行分类，店家可以更好地管理产品，也可以提高客户感受度和被服务程度。

可以将产品展示分类看作营销清单（图4-1-7），先从整体上给用户分类感受，让他们看出都有什么，再从内容细节上进行引导，让用户能够根据自己的需求喜好，快速找到自己要的产品。

图4-1-7 产品展示分类

可以根据店铺自身需要，通过平台提供的后台工具，对店铺产品进行分类展示，以获得更好的视觉效果。例如在淘宝的平台工具中，可以通过千牛工作台，单击店铺装修管理中的分类设置，手动添加自己需要的分类列表，如图4-1-8所示。

图 4-1-8　添加手工分类

步骤二：产品经营方向分类

将产品按照营销定位的不同进行分类，一般可以分为引流款、利润款、活动款和形象款。店铺内产品款式较多的话，容易造成混乱无序，所以产品各自都应该有自身的营销职责。引流款是店铺中用来吸引流量的产品，常常通过压缩利润空间来为店铺吸引流量。利润款在店铺中应当占有较高的比例，保证店铺盈利所需。活动款主要用于参加各种平台活动和店铺活动。形象款主要用于提高店铺自身形象，利润最大，但并不追求销量。店家应该在经营店铺初期，提前规划好店铺内各类型产品所占比例，并有针对性地对各个产品进行设置。

活动四　产品卖点

活动准备

产品卖点，既是产品满足消费群体的需求点，也是店家提高市场竞争力的一个诉求点，更是产品本身存在于市场中的基础。所以在对店铺进行规划时，提前找准产品的卖点，就是找到了产品在市场中的核心竞争力。

提炼产品卖点

活动实施

步骤一：提炼核心产品卖点

产品的卖点可以找到很多，但要提高市场竞争力，就要抓住核心。要立足于产品本身，从其诸多卖点之中，提炼出最被消费者需要和认可的核心利益点，最好是和消费者息息相关，直接影响消费者购买决断的点。

步骤二：提升产品形象

找到产品核心卖点之后，可以为其设计一些创意性的描述用语，来增加产品和其他店铺产品的差异化程度，提升产品形象，如图 4-1-9 所示。

图 4-1-9　提升产品形象

任务拓展

在建立属于自身店铺的货源渠道时，除了 1688 平台，还有很多其他网络货源平台，这些平台都有各自的特色和优势，值得我们去挖掘。

请同学们打开慧聪网首页，自行注册并登录后，查看慧聪网提供的货源产品，并和 1688 平台进行对比。在网络上寻找其他货源批发平台，并进行了解。

任务评价

店铺规划任务评价表

评价维度	评价内容	评价量规	评价	得分
价值观与情感态度	具备良好的职业情感和服务意识	三级		
	具备创新意识，有具体的创新事件	三级		
	具备人员分工意识、团队精神、活动执行力	三级		
过程与方法	具备信息化技术素养，能够完成信息收集、整理和分析工作	三级		
	具备团队管理、时间管理等管理技巧	是否		
	执行工作规范情况	是否		

续表

评价维度	评价内容	评价量规	评价	得分
知识与技能	有完成产品分类展示的能力	是否		
	有完成产品经营方向分类的能力	是否		
	有独立提炼产品核心卖点的能力	是否		
说明	三级等级评定赋分规则：一级至三级分别为1分、2分、3分；是否赋分规则："是"为1分，"否"为0分			

任务二　发布宝贝，细节不容忽视

任务描述

在店铺上架宝贝之前，需要经历发布宝贝的环节。发布宝贝环节的各项设置，都会直接影响到宝贝链接页面的质量高低，甚至影响到店铺的收益和各项数据。所以在发布宝贝时，一定要认真对待，尽可能地将各项设置都做好，每个细节都做完善，提高宝贝页面的最终质量。

在发布宝贝环节的各项设置中，有的设置对宝贝影响不大，有的却能直接决定宝贝的最终呈现效果和销量问题，其中需要重点设置的有宝贝分类、宝贝标题、价格、优惠信息、规格、上架时间、参数信息、主图、详情页、物流、其他销售信息等。

任务实施

活动一　发布流程

活动准备

在发布宝贝之前，需要先确定宝贝所属类目。大多时候，同一种商品，会有多种类目可供选择，而不同的类目，对应的市场和消费人群是不一样的。可以借助店查查、店侦探等相关数据平台，查询市场上相似宝贝的类目选择，再结合自己商品的特点，确定最终宝贝类目。

活动实施

以淘宝平台为例，通过淘宝提供的千牛工作台可以发布宝贝。进入千牛工作台，单击"商品"按钮，找到"商品管理"选项中的"发布宝贝"选项，如图4-2-1所示，就可以开始进行发布宝贝操作。

图4-2-1 发布宝贝流程

在发布宝贝时，需要先上传宝贝主图和选择相应类目，再进入下一步，完善更多宝贝信息，主图和类目选择完成后也可以再次修改，如图4-2-2所示。

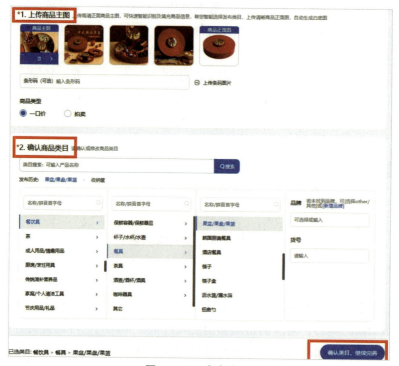

图4-2-2 发布宝贝

活动二　宝贝发布详细设置

活动准备

在进入正式的宝贝发布页面后，可以看到更多待完善的宝贝信息，分别为基础信息、销售信息、物流信息、支付信息、图文描述以及售后服务。

活动实施

步骤一：基础信息设置

基础信息的填写，包括宝贝类型、宝贝标题、导购标题、类目属性、宝贝定制和采购地，其中宝贝类型、宝贝定制和采购地正确填写即可。

宝贝标题分为长标题和导购标题两种，如图 4-2-3 所示。

图 4-2-3　宝贝标题

大部分类目的宝贝长标题可以填写不超过 30 个汉字或者 60 个字符，主要用于提高宝贝的曝光率，所以非常重要，一定要认真填写并尽量写满。导购标题可以填写 15 个汉字或者 30 个字符。导购标题虽然不会影响商品曝光率，但可以用于提高宝贝的点击率，所以一定要填写客观的宝贝信息，避免影响订单转化和客户投诉。以下是长标题（图 4-2-4）和导购标题（图 4-2-5）的展示效果。

图 4-2-4　长标题

图 4-2-5 导购标题

类目属性分为重要属性和其他属性两个部分，如图 4-2-6 所示。

图 4-2-6 类目属性

在发布宝贝时，属性信息会根据所选类目的变化而变化。属性信息在帮助用户更加充分地了解商品的同时，也有可能影响搜索流量，所以在填写属性信息时要客观，尽可能地填写完整。

步骤二：销售信息设置

销售信息通常包括颜色分类、发货时间、销售规格、价格、数量等信息，如图 4-2-7 所示，不同的类目之间销售信息的设置也不尽相同。

图 4-2-7　销售信息

商品规格的填写要简洁明了，能让消费者第一时间找到对应的商品，配合图片和备注描述效果会更好。

步骤三：物流信息设置

物流信息主要用于物流配送工具、运费等设置。由于货源不同，物流信息的填写也要做好相应设置，避免影响发货。单击"新建运费模板"按钮，可以进入运费设置界面，如图 4-2-8 所示。

图 4-2-8　运费设置

步骤四：支付信息设置

支付信息用于设置库存扣减方式，分为买家拍下减库存和买家付款减库存两种。买家拍下减库存是指买家提交订单后，没有付款后台也会减少库存。买家付款减库存是指买家付款之后后台才会相应减少库存，如图 4-2-9 所示。

图 4-2-9 支付信息设置

步骤五：图文描述设置

图文描述包括主图图片、主图视频和详情页。

宝贝主图上传 700 像素 × 700 像素以上分辨率的图片，就可以使用放大镜功能，且第五张图使用商品白底图还可以增加手淘首页曝光机会。使用 3：4 的主图尺寸，更容易提升曝光率。要注意的是主图视频选择 3：4 尺寸才可以使用 3：4 的主图，如图 4-2-10 所示。

图 4-2-10 图文描述设置

主图和详情页的设计，要做到风格独特新颖，辨识度高，能否让用户映像化是衡量标准。如果能在市场上的诸多商品中成功让用户形成映像，那么这个商品的主图详情页就是优质的。为了能形成最终的订单转化，主图详情页一定要做到结构排序合理，内容框架完整，利益诉求突出，营销导向精确，这些都是促成订单转化不可或缺的要求。

步骤六：售后服务设置

售后服务用于选择店铺能够提供给消费者的更多权益，包含提供发票、保修服务、退换货承诺等，可以按照实际情况进行选择，如图 4-2-11 所示。

图 4-2-11　售后服务设置

任务拓展

千牛工作台中提供了一键铺货功能，可以帮助店家快速寻找货源并完成商品上架，帮助店家节约大量时间。

请同学们登录千牛工作台，在"商品"选项功能栏中单击"精选货源"选项。寻找一款符合自身店铺定位的货品，并使用铺货功能，快速上架宝贝。

任务评价

发布宝贝任务评价表

评价维度	评价内容	评价量规	评价	得分
价值观与 情感态度	具备良好的职业情感和服务意识	三级		
	具备创新意识，有具体的创新事件	三级		
	具备人员分工意识、团队精神、活动执行力	三级		
过程与方法	具备信息化技术素养，能够完成信息收集、整理和分析工作	三级		
	具备团队管理、时间管理等管理技巧	是否		
	执行工作规范情况	是否		
知识与技能	有完成优质标题填写的能力	是否		
	有完成销售信息设置的能力	是否		
	有独立完成宝贝发布的能力	是否		
说明	三级等级评定赋分规则：一级至三级分别为 1 分、2 分、3 分；是否赋分规则："是"为 1 分，"否"为 0 分			

任务三　流量解析，明确流量来源

任务描述

电商平台发展至今已经很多年，其中各平台的内容、机制、规则等也已经相当完善。作为一家网络新店，要在一个较为饱和的网店市场当中实现破冰，直至持续营利，流量就显得至关重要。

任务实施

活动一　免费流量

活动准备

以淘宝平台为例，流量分为免费流量和付费流量两种。免费流量是指经用户搜索、类目展示、收藏、购物车、老客回访等途径，进入店铺的流量，其中用户搜索是最主要的流量来源。根据店铺质量、宝贝质量、销量、活跃度、动态评分等数据的不同，各店铺所能获得的免费流量也不同。

活动实施

在淘宝店铺经营初期，有几个重要因素对免费流量的获取影响很大，需要格外注意。

步骤一：书写宝贝标题

宝贝标题是店铺商品的标签，对用户搜索商品和商品是否能得到展示起决定性作用，所以宝贝标题的书写至关重要。

在标题的组成结构中，主词、属性词、热搜词、长尾词、蓝海词等，各有不同的作用。对于一家成熟的店铺来说，多用热搜词，很容易获得流量，但对于新店来说，前期经营数据较低，可以多使用长尾词和蓝海词来获取流量。

淘宝平台工具中的生意参谋功能，提供了市场和选词助手等付费功能，帮助商家快速找到适合自身商品标题的词来获取流量。除此之外，在淘宝平台内也有一些其他方法可以帮助商家快速找到自身商品需要的关键词，例如搜索框功能。如图 4-3-1 所示，在搜索框中输入关键词后，下拉列表中会实时显示当前用户习惯使用的各种长尾关键词，商家可以参考这些长尾词来书写自己的宝贝标题。

图 4-3-1　搜索框页面

要注意的是，搜索框列表中的词是实时显示的，不同时间所显示的词不太一样，所以商家应当根据自身需要和市场情况，酌情挑选长尾词。

在千牛工作台中，单击左侧"商品"按钮，可以看到"什么值得卖"页面，如图 4-3-2 所示。

图 4-3-2　"什么值得卖"页面

在"什么值得卖"页面中，可以看到趋势、蓝海和特色三种推荐商品，并附带推荐的关键词，商家可以根据自身需要，借鉴这些关键词来书写标题。

趋势商品代表的是 30 天内，搜索量非常多，且实际成交也很多的商品；蓝海商品代表的是 30 天内，新增的搜索量非常多，但实际成交还不多的商品；特色商品是行业小二重点招商，有机会获得专项扶持的商品。

在"什么值得卖"商品推荐页面，商家可以根据品类、适用人群、价格区间、具体关键词来进行筛选，查找更贴合自身需要的商品和关键词，如图4-3-3所示。

图4-3-3 "什么值得卖"筛选功能

通过"什么值得卖"页面匹配货源，并单击准备发布的商品，可以获得值得卖的权益扶持和引流曝光，如图4-3-4所示。

图4-3-4 权益扶持

步骤二：合理规划上架时间

淘宝平台流量分配机制当中，对店铺刚上架的宝贝，会有一定的流量扶持，所以商家需要抓住和利用好这个免费的流量点。商家对自己的主要目标人群进行分析，掌握他们逛淘宝和消费的时间节点，让自己的宝贝尽量多且精准地展示在目标人群当中，争取更多曝光机会。

步骤三：设置公益宝贝

加入公益宝贝计划，可以获得全链路透标，提升曝光率和消费者感知，有利于促进决策转化。在商品列表中勾选商品，并单击设置公益宝贝，在设置页面中，选择捐款方式和公益项目，单击"确定捐赠"按钮，如图 4-3-5 所示。

图 4-3-5　设置公益宝贝

步骤四：关注其他因素

除此之外，还有一些因素也会影响店铺对流量的获取。例如，DSR 动态评分是否达到同行业水准，新品上架的新品标签的流量扶持，宝贝的橱窗推荐位优先展示，商品参数填写的完整、价格的高低，客服的活跃度等，都会对免费流量的获取造成影响。商家要做好店铺的日常维护，努力提高店铺各项数据指标，增加商品权重，以获得更多的流量曝光机会。

活动二　付费流量

活动准备

对于一家新店来说，前期的店铺数据和各项指标并不会很高，也就意味着无法给店铺带来可观的免费流量。这时就需要通过付费流量来带动店铺数据的增长，同时，注意店铺对免费流量的获取，尽早降低付费流量的比重以缓解经营压力。

流量构成搭配

活动实施

步骤一：了解付费工具

在千牛工作台中，单击"推广"按钮，可以看到直通车、引力魔方、极速推、万相台等付费推广工具，如图 4-3-6 所示。

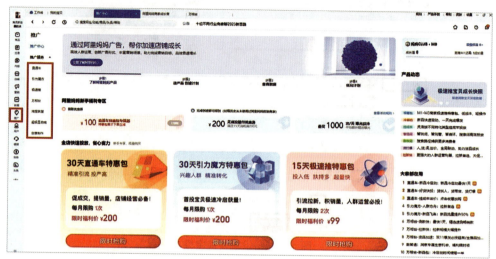

图 4-3-6　推广工具

这些工具中，功能各不相同，收费方式也不同，商家可以根据自身需要，选择合适的推广工具，为自身店铺获取流量。

步骤二：了解万相台

万相台中整合了搜索、推荐等资源位，通过算法智能跨渠道分配预算，实现人群在不同渠道流转承接。万相台成本相对低，操作简单，效果明显，对于新手商家来说是非常不错的选择。

在万相台中可以看到对应不同场景的推广计划，商家可以根据自身需要进行选择，如图 4-3-7 所示。

图 4-3-7　万相台计划

例如，针对新上架的商品，想要快速破零达成销量，可以根据实际情况使用对应功能。

如果商品满足新品要求，选择上新快功能即可，如果商品已经不满足行业新品标准，可以选择货品加速功能，两种功能的后续设置方法差别不大。

活动三　店内流量引导

活动准备

当店铺或者店铺内某个宝贝已经具有一定流量基础时，可以通过店铺内的流量引导工作，为店铺其他优质但流量较低的宝贝提供帮助。

活动实施

步骤一：流量引导

在宝贝的商品详情页中，设置营销海报、首页优惠券链接、宝贝链接等，将流量引导至店内其他页面，如图4-3-8所示。

图4-3-8　流量引导

步骤二：促进流量分类流转

在店铺首页中，为优质宝贝制作分类和海报，促进流量进一步流转，将流量效益最大化，如图4-3-9所示。

图4-3-9　首页流量分配

除电商平台的站内流量之外，商家还可以根据自身情况，努力将一些平台外的流量引入店铺当中。例如自身的私域渠道，通过发朋友圈、小红书、知乎、微博等平台，获取流量并引入自身店铺。也可以通过直播带货、自主短视频创作等方法引入流量。

任务拓展

阿里妈妈·万堂书院中有诸多精品课程，帮助新商家快速了解和使用平台内付费推广工具，掌握基础的投放思路和工具使用。

请同学们登录万堂书院，学习推广工具的各种知识。

任务评价

流量解析任务评价表

评价维度	评价内容	评价量规	评价	得分
价值观与情感态度	具备良好的职业情感和服务意识	三级		
	具备创新意识，有具体的创新事件	三级		
	具备人员分工意识、团队精神、活动执行力	三级		
过程与方法	具备信息化技术素养，能够完成信息收集、整理和分析工作	三级		
	具备团队管理、时间管理等管理技巧	是否		
	执行工作规范情况	是否		
知识与技能	有挖掘优质关键词的能力	是否		
	有完成店铺分流的能力	是否		
	有独立完成站外引流的能力	是否		
说明	三级等级评定赋分规则：一级至三级分别为1分、2分、3分；是否赋分规则："是"为1分，"否"为0分			

任务四　用户画像，精准掌握客户

任务描述

作为电商平台的重要组成角色，用户对电商平台的影响是巨大的，也同样影响着店铺的经营。用户不仅会影响店铺的运营方案、策略、营销商品、促销活动等，更决定了店铺的收益。所以，能否精准地抓住用户，留住用户，促成订单转化，就是商家的经营目标。

任务实施

活动一　获取数据

活动准备

每个用户都有各自不同的属性和标签，不同平台对用户的分类和展现都有一套不同的标准。商家应当根据自身店铺所需，有目的地去收集其中适合自身的用户数据并加以利用。

活动实施

步骤一：利用百度指数获取数据

百度指数是百度以网民的日常行为数据为基础，并对其进行分析展示的平台。百度指数作为当前互联网时代重要的统计分析平台之一，是诸多企业营销决策的重要依据。

在浏览器中直接搜索百度指数，就可以进入百度指数官网，并使用其中提供的功能。输入自己想要查询的关键词，可以获得百度指数提供的趋势研究、需求图谱和人群画像功能。

在需求图谱中可以看到用户的需求分布，需求分布是综合计算关键词与相关词的相关程度，以及相关词自身的搜索需求大小得出的。相关词距圆心的距离表示相关词的相关性强度；相关词自身大小表示相关词自身搜索指数大小，红色代表搜索指数上升，绿色代表搜索指数下降，如图4-4-1所示。

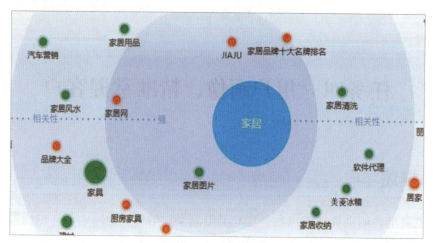

图 4-4-1　需求图谱

在人群画像功能中，可以看到访问该关键词的人群具体属性，包括地域分布、人群属性和兴趣分布。地域分布提供关键词访问人群在各省市的分布，了解关键词的地域分布，可以有针对性地对特定地域用户偏好进行运营和推广。人群属性提供关键词访问人群的年龄、性别分布情况，如图 4-4-2 所示。兴趣分布是基于百度搜索用户行为数据和画像库，分析人群状况。

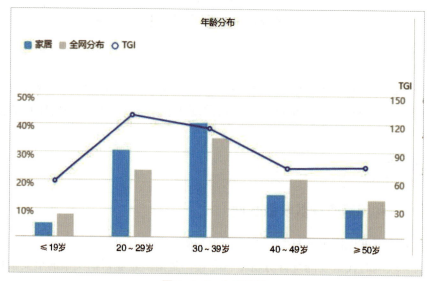

图 4-4-2　人群属性

步骤二：利用生意参谋获取数据

除了百度指数这种互联网数据分析平台，各电商平台也有自己的数据分析工具，这些数据中的用户数据针对性强，专业性高，覆盖也更全面，例如淘宝千牛工作台中的生意参谋功能。

打开千牛工作台，单击数据功能，就可以开始使用生意参谋中提供的各项服务。例如生意参谋中的实时访客功能，可以查看自身店铺中的访客来源信息，帮助商家更精准地了解店铺潜在人群的属性。商家通过店铺中访客地域分布、手淘搜索分布和直通车搜索分布这些信息，可以对店铺经营策略做出调整。

　　在生意参谋中的"作战室"功能当中，单击"活动沉淀中的活动人群画像"选项，可以看到店铺活动期内新支付的买家人群画像，包括用户的性别、年龄分布、职业分布等相关数据，如图 4-4-3 所示。这些数据直观地反映了店铺的主要消费群体和消费趋势，方便商家进一步调整店铺经营内容。

图 4-4-3　人群画像

　　在生意参谋中的"流量纵横"功能中，还可以通过"访客分析"功能，了解自身店铺的访客信息。从访客的时段分布可以看到访客进入店铺的时间段（图 4-4-4），从访客的地域分布可以看到访客的主要来源区域（图 4-4-5），从访客的特征分布可以看到访客的各项特征（图 4-4-6）。

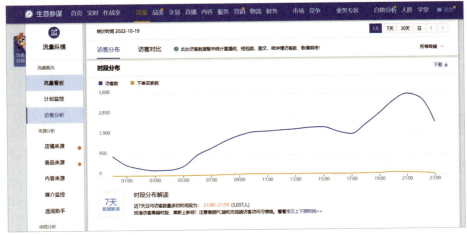

图 4-4-4　时段分布

图 4-4-5　地域分布

图 4-4-6　特征分布

活动二　制作用户画像

活动准备

电商大部分的利润来自少部分的用户，要想获得这少部分的用户，可以采用制作用户画像的方式。

商家根据自身的资源和优势进行分析，在选定自身店铺的产品时，可以先分析目标人群。在搜集相关数据后，可以制作初步的人群画像，并以用户画像作为根据来决定经营方案。后续经营数据增多后，再补齐用户画像，调整经营策略。

活动实施

步骤一：收集用户信息

以家居用品为例，店铺以吹风机作为主打商品，搜集数据进行用户画像制作。通过百度指数，查询到近期用户在搜索吹风机时，会关注到风筒、型号、功率、品牌等，说明用户群体在搜索吹风机时，目标都较为明确。需求主要集中在吹风机的品牌和功率功用上面，所以在制作用户画像时，要把需求着重标示出来。

同时通过百度指数查询到，近期搜索吹风机的人群主要分布在沿海地区。采用直通车等付费推广工具时，可以有针对性地对沿海地区集中优势进行推广，而对东北、西北等地区减少推广力度。

根据年龄分布图可以知晓，搜索吹风机的人群，年龄主要分布在 20 ~ 39 岁，性别差异不大（图 4-4-7）。结合兴趣分布数据可以分析出其主要为上班族，可以针对该用户人群，开展专场营销活动或节日活动。

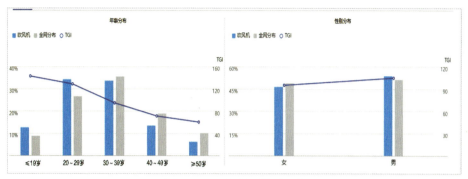

图 4-4-7　年龄、性别分布

步骤二：整理用户信息

经过数据整理后，可以初步判断目标人群主要集中在沿海地区 30 岁左右的上班族。针对该类人群，商家可以设计出相应的店铺营销方案进行试运营，后续再根据销售数据做出调整。

活动三　用户画像分析

活动准备

在店铺经营过程中，随着经营数据的不断增多，对用户的年龄、职业、喜好、消费能力、上网时间、地域、性别等数据的掌握也不断增多，自然用户画像也就更加清晰。

商家对不断完善的用户信息进行分析，也就是对用户画像进行分析。结合分析结果，调整经营方向，优化店铺内容。

活动实施

步骤一：分析用户数据

在千牛工作台的内容功能页面当中可以看到，该店铺所发布的内容，已经具有了一定的粉丝基础，如图 4-4-8 所示。在近期发布的内容中，粉丝出现了下滑趋势，这时商家可以对近期粉丝做用户画像分析，及时调整内容，并观察效果。

图4-4-8　内容分析

从粉丝基础特征页面可以看到性别占比和年龄分布。男性偏多,年龄主要分布在31～50岁,如图4-4-9所示。而通过留存的数据知晓,之前粉丝中女性占比略多,说明近期关注店铺产品的用户人群已经开始有所变化。

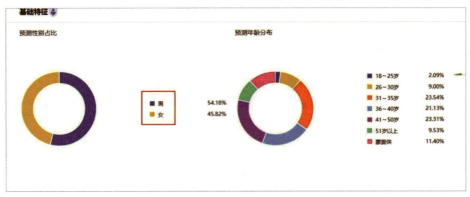

图4-4-9　基础特征

从粉丝地域分布可以看出粉丝的主要来源地区,如图4-4-10所示。结合留存数据发现,框线中的沿海地区,数据占比均有上浮,且上浮较为明显。

图4-4-10　粉丝地域分布

从人生经历栏目可以看出公司职员的占比是最高的，如图4-4-11所示。但结合之前数据来看，公司职员的数据占比提升较多，说明该类人群对店铺产品的需求匹配度有所增加。

图4-4-11　人生经历

从消费偏好中可以看出，用户的消费人群主要集中在第二层级，如图4-4-12所示。和前期留存数据进行对比之后，发现变化不大，依然处于中下层消费群体。

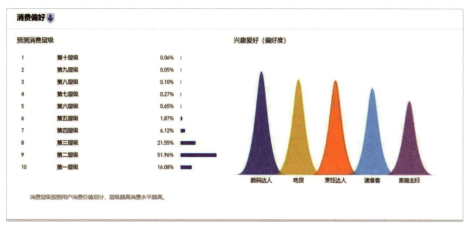

图4-4-12　消费偏好

步骤二：整合用户数据

最后整合数据，可以分析出，粉丝群体近期有一定变化，其中东南部沿海地区的男性公司职员占比在持续上升中。结合对用户画像分析得出的结果，应当在后续的店铺内容发布中关注到这一人群的需求，做出相应调整和提供对应服务，以增加粉丝基数和质量。

任务拓展

互联网时代，各种数据平台层出不穷，在网上还可以通过其他平台获取用户数据以作为参考。

请同学们通过互联网查看其他数据平台，挖掘更多用户数据。

任务评价

用户画像任务评价表

评价维度	评价内容	评价量规	评价	得分
价值观与情感态度	具备良好的职业情感和服务意识	三级		
	具备创新意识，有具体的创新事件	三级		
	具备人员分工意识、团队精神、活动执行力	三级		
过程与方法	具备信息化技术素养，能够完成信息收集、整理和分析工作	三级		
	具备团队管理、时间管理等管理技巧	是否		
	执行工作规范情况	是否		
知识与技能	有获取用户数据的能力	是否		
	有完成用户画像的能力	是否		
	有独立完成用户画像分析的能力	是否		
说明	三级等级评定赋分规则：一级至三级分别为1分、2分、3分；是否赋分规则："是"为1分，"否"为0分			

任务五　数据分析，了解店铺现状

任务描述

在店铺经营一段时间之后，就会产生各种各样的数据。而这些数据，就是店铺运营状况最直观的体现，每个数据都能反映出店铺各方面的经营状况。所以，看懂这些数据并加以利用，对店铺各方面进行优化，是每个商家都需要掌握的基本功。

任务实施

活动一　展现量

活动准备

流量是店铺运营的基础。一般来说，淘宝新店的用户搜索展现并不会特别多，这是由店铺新开，各项数据指标不高，商品权重较低造成的。

如果展现量特别低，就需要查看自己店铺的宝贝，找出问题所在。可以从店铺和宝贝两个方面着手，分别排查问题，优化内容并提高店铺流量。

活动实施

步骤一：查找店铺问题

以淘宝平台为例，可以借助千牛工作台中提供的工具，排查店铺是否存在问题。在千牛工作台的店铺功能当中，提供了店铺体检工具。

通过店铺体检工具，可以清晰地看到店铺是否存在重大问题，如果存在问题，一定要及时解决，保证店铺正常运营。

如果店铺存在问题，店铺体检工具会标示出来，商家按照提示及时解决问题即可。

同时，店铺体检工具会给出操作建议，此时店家可以按照建议操作，处理违规项目。

步骤二：查找宝贝问题

在排查完店铺问题之后，继续借助千牛工作台排查宝贝问题。在千牛工作台提供的商品优化功能当中，单击"优化"选项即可进入商品优化页面，如图 4-5-1 示。

图 4-5-1　商品优化

在商品优化页面，可以看到系统根据店铺宝贝排查出的各类问题，这些问题都会对宝贝流量造成影响，优化内容包含标题、属性、图片、视频、商品详情等。

商家根据优化建议，单击"立即优化"按钮，可以进入宝贝编辑页面调整商品内容。

在完成店铺和宝贝的问题排查之后，商家在店铺继续经营一段时间之后，持续观察店铺数据，看店铺数据是否有所回升。如发现数据还是低下，可以根据市场环境分析店铺的商品是否已经脱离了市场需求，考虑更换或上架新的商品，或者通过付费推广的方式获取流量曝光。

<h2 style="text-align:center">活动二　点击量</h2>

活动准备

点击量是指店铺或宝贝页面被访问的次数，也可以称为访问量、浏览量等。如果说流量曝光是商品转化的前提，那么点击访问就是为进一步促成商品订单提供了可能。

在拥有流量曝光的前提下，如果一个宝贝的点击率较高，那么说明这个宝贝质量较高，且对用户拥有一定的吸引力，用户愿意点击宝贝链接做进一步的了解。反之，当宝贝流量展现足够，点击率却比较低的时候，商家就应该及时分析问题并找出原因。

活动实施

步骤一：分析运营数据

在生意参谋中，可以看到自身店铺的访问浏览量。在单击下方的"运营视窗"选项之后，可以看到更多具体数据，通过这些数据，可以直观地分析自身店铺的访问数据。通过流量看板数据，可以看出店铺近期的上涨或下浮数据指标，如图 4-5-2 所示。

图 4-5-2　流量看板

再结合整体看板数据，等自身店铺处于同行业中的水平层次。当商家在通过数据分析发现店铺的访问出现问题时，就要及时排查问题并进行调整。

步骤二：分析用户点击行为

在用户进行搜索时，页面会同框展示多个宝贝，要第一时间引起用户的注意并产生点击行为，主要在于宝贝的首图、标题、价格、销量等因素。

主图在符合平台规范的同时，尽量做到图片清晰，版式设计独特新颖，高亮度、高饱和度，让人眼前一亮，并且和其他商家的宝贝区分开。当用户注意到之后，决定用户是否产生点击行为的是商品对用户的吸引程度，其中包括商品的款式、标题的书写是否第一时间抓住用户的痛点和利益点、价格是否符合心理预期，以及销量高低、宝贝标识等。

活动三　转化量

活动准备

对于商家来说，转化率是店铺质量高低永远的衡量指标，也是店铺最终的追求。店铺宝贝拥有一定的曝光量和点击量，说明店铺宝贝符合消费者需求，可能产生进一步的转化。

如何判断自身店铺经营转化数据是否正常，又应该从哪些方面进行改善？对此，可以借助店铺后台提供的数据进行参考分析。

活动实施

步骤一：分析转化数据

在生意参谋中，打开交易页面，可以看到店铺某时间段内的总体数据。通过这些数据可以直观地看到店铺的经营状况，也可以看到店铺转化的上涨和下跌情况，如图 4-5-3 所示。

图 4-5-3　交易概况

想要了解店铺内单个宝贝的经营状况，可以在生意参谋的品类页面中，通过"商品360"功能查看数据。在搜索框中查找到宝贝之后，就能够看到详细数据，如图 4-5-4 所示。

图 4-5-4　商品 360

影响店铺宝贝转化的因素有很多，例如用户对店铺的信任度、店铺的优惠促销活动、宝贝的评价情况等，但最重要的还是宝贝详情页面。宝贝详情页面是用户观察宝贝和考虑下单的第一场景，所以宝贝详情页面的质量会直接影响到店铺转化情况。

当商家通过数据分析发现店铺内某个宝贝出现引流强但转化低的问题时，可以借助生意参谋中的商品诊断工具进行商品内容调整。在搜索框中输入并查找到店铺宝贝后，就可以看到宝贝的转化情况，如图 4-5-5 所示。

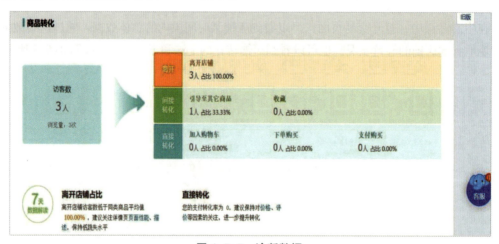

图 4-5-5　诊断数据

步骤二：诊断转化因素

在下方可以看到系统检测到的影响商品转化的各项因素，方便商家进行修改，实时调整内容，如图 4-5-6 所示。

图 4-5-6　影响因素监测

商家要想实时掌握和改善自身店铺的经营状况，就要通过后台对店铺的各项经营数据进行分析，除了展现点击转化，还有加购、收藏、流失、停留时长、动销、静默等数据。每个数据的背后，都代表着独特的意义，商家要结合实际情况，对这些数据进行收集整理、全面分析后，才能对自身店铺有一个清晰的认知，从而找出改进的方向。

任务拓展

电商平台中商家众多，也都有各自引流的经验心得。某个商家也会经常去学习借鉴其他商家的长处，改善并运用到自己的店铺内容上面。

请同学们通过浏览各电商平台，研究并分析商品首图的制作技巧，试着总结出一些常用的引流方式。

任务评价

数据分析任务评价表

评价维度	评价内容	评价量规	评价	得分
价值观与情感态度	具备良好的职业情感和服务意识	三级		
	具备创新意识，有具体的创新事件	三级		
	具备人员分工意识、团队精神、活动执行力	三级		
过程与方法	具备信息化技术素养，能够完成信息收集、整理和分析工作	三级		
	具备团队管理、时间管理等管理技巧	是否		
	执行工作规范情况	是否		

续表

评价维度	评价内容	评价量规	评价	得分
知识与技能	有分析店铺曝光数据的能力	是否		
	有分析店铺访问数据的能力	是否		
	有分析店铺转化数据的能力	是否		
说明	三级等级评定赋分规则：一级至三级分别为1分、2分、3分；是否赋分规则："是"为1分，"否"为0分			

任务六　市场监测，把握市场动态

任务描述

知己知彼，百战不殆！作为网络商家，不仅要对大的市场环境有所了解，还需要实时掌握市场的最新变化，以便对店铺经营策略做出灵活调整，减少不必要的损失，保持一个良好的经营状态。

任务实施

活动一　监测目标市场

活动准备

在监测目标市场时，着重关注类目下市场的销量和利润空间。同一产品有多个类目，这些类目需要分开监测，并对比上涨和下降趋势，考虑是否要更换类目市场，以及对该类目下店铺商品的数量、价格区间进行相应调整。

活动实施

步骤一：查询市场数据

以淘宝平台为例，借助平台为商家提供的数据查询工具，可以快速监测相应的类目市场。在生意参谋平台中，有专门的市场页面，为商家实时提供各项市场数据，如图4-6-1所示。

图 4-6-1　市场数据

步骤二：查询行业数据

商家可以根据自身所需，查看相应类目的市场，包括访问人气、浏览热度、收藏人气等。还可以查询到地域分布以及行业构成的相应数据，根据数据的涨幅和下跌数据指标，对自身店铺产品做出相应调整，如图4-6-2所示。

省	卖家数 ⑦ ⬍	父行业卖家数占比 ⑦ ⬍	有交易卖家数 ⑦ ⬍	父行业有交易卖家数占比 ⑦ ⬍
广东省 较前一日	99,393 +0.29%	13.65% 0.03%	22759 +0.34%	29.19% -0.08%
河南省 较前一日	64,133 -0.58%	8.81% -0.06%	8620 -1.08%	11.06% -0.19%
浙江省 较前一日	58,386 +0.44%	8.02% 0.03%	12939 -0.34%	16.60% -0.16%

图 4-6-2　行业数据

生意参谋中的市场洞察功能提供的数据非常丰富，商家可以根据自身需要，选择对应的功能进行使用。

活动二　市场同质店铺

活动准备

在分析市场上的店铺时，可以先查询同行们最近都在销售哪些宝贝，什么款式销量高，关键词怎么编辑，价格如何，质量如何，等等。一件商品要做到款式新颖、质量好、服务好、价格适中，才更容易受到用户的喜爱。

除了要普遍关注同行，更要注意平台之中同行里那些和你的店铺同质的卖家。比如有的店铺和你拥有相同或者相似的商品资源，如产品、渠道、品牌、价格等，并且主要目标客户群体也和你一致，这样的店铺就需要着重关注，他们的经营行为会给你的盈利带来一定影响。

活动实施

步骤一：竞店识别

可以在平台首页搜索框中直接通过关键词查找同质店铺并进行了解，也可以在生意参谋功能中使用竞店识别和竞品推荐功能来了解同质店铺，如图 4-6-3 所示。

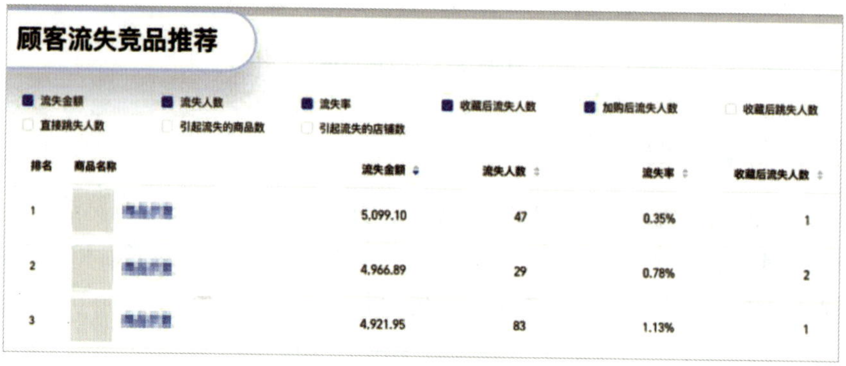

图 4-6-3　竞品推荐

步骤二：竞店对比

在分析竞争对手时，要着重了解竞争店铺的目标和战略，以及经营状况、流量、销量、产品、利润等方面。可以借助淘宝平台提供的生意参谋工具对竞争对手进行分析，如图 4-6-4 所示。

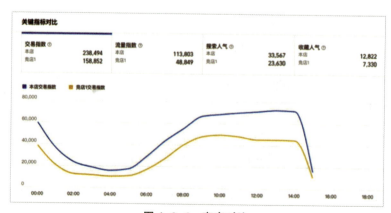

图 4-6-4　竞店对比

在进行数据分析的同时，还要和自身店铺进行对比，包括成交、流量、转化率、店铺宝贝、活动、广告等。分析对手是一个长期持续的过程，建议每周对相关数据进行一次收集和整理，并对店铺内容做出相应的优化调整，以提高店铺竞争力。

步骤三：优化提升

在对市场进行监测的同时，可以借助 SWOT 法则对自身店铺及产品进行分析，并做出二次定位。根据店铺和市场实际情况，考虑是否要对店铺内容做出相应调整。

在分析店铺自身优势的同时，也要考虑到竞争对手的优势，看是否能借鉴提高，增强自身产品的质量。看到自身劣势的同时，也要想办法规避同行所遇到的弊端。最后结合自身特点，取长补短，突出自身的个性化和创意，注重细节，寻找机会，吸引用户。

任务拓展

店查查是一款针对淘宝天猫店铺设计的店铺查找工具。通过店查查可以轻松获得宝贝的排名、上下架时间、历史价格等信息，帮助商家更好地进行店铺数据分析。

请同学们运用店查查插件，通过淘宝平台对竞争对手进行分析。

任务评价

市场监测任务评价表

评价维度	评价内容	评价量规	评价	得分
价值观与情感态度	具备良好的职业情感和服务意识	三级		
	具备创新意识，有具体的创新事件	三级		
	具备人员分工意识、团队精神、活动执行力	三级		
过程与方法	具备信息化技术素养，能够完成信息收集、整理和分析工作	三级		
	具备团队管理、时间管理等管理技巧	是否		
	执行工作规范情况	是否		
知识与技能	有定位竞争对手的能力	是否		
	有分析竞争对手的能力	是否		
	有独立完成店铺二次定位的能力	是否		
说明	三级等级评定赋分规则：一级至三级分别为 1 分、2 分、3 分；是否赋分规则："是"为 1 分，"否"为 0 分			

任务七　内容优化，提高店铺质量

任务描述

经过一段时间的运营之后，店铺运营所达到的效果可能和原本期望的不太一样，可能更好，也可能更差。商家需要针对店铺现状、对后期的经营策略做出一些调整，让店铺效益往更好的方向发展。

任务实施

活动一　店铺风格优化

活动准备

店铺风格包含多方面，例如装修风格、经营风格、图片风格、文案风格等。店铺的布局、所经营的产品、图片美化的方向都会对店铺风格有所影响。

活动实施

步骤一：统一店铺风格

店铺的风格应该是统一的，不管是装修风格还是产品落地页面风格。统一的店铺风格可以给用户信任感和专业感，有利于促成用户长时间的停留，提高转化的可能性。例如，下面的店铺在首页头屏海报中，主打运动风格的产品，如图 4-7-1 所示。

图 4-7-1　首页头屏海报

同时，在店铺首页的中屏页面统一了产品风格，以运动风格为主并进行展示。在产品落地页面里，详情页也统一了文案风格，如图4-7-2所示。

图 4-7-2　详情页文案

步骤二：风格迎合用户

店铺风格应该迎合用户的喜好。是否迎合用户喜好，最直观地体现在店铺的数据上，像店铺的收藏数、宝贝加购、停留时长、跳转流失等数据，都是店铺风格有没有迎合用户喜好的证明。

以淘宝平台为例，通过千牛工作台中的生意参谋功能，可以对相关数据进行分析。生意参谋首页中，运营窗口有转化看板数据，也有流量看板数据，如图4-7-3所示即为运营窗口的流量看板。

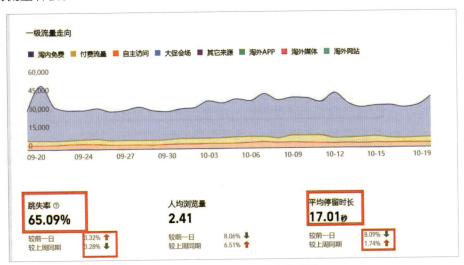

图 4-7-3　运营窗口的流量看板

对用户喜欢的、浏览时间较长的地方继续保持，对跳转流失严重的地方做出相应改善，如调整图片、文案等内容，让店铺的风格进一步贴合用户的口味，留住更多的用户。

活动二 宝贝页面优化

活动准备

宝贝页面是店铺优化的重点，它直接影响店铺的收益状况。而宝贝页面是否需要优化，质量如何，可以通过数据来衡量。当宝贝流量不佳时，可以通过生意参谋查询一些数据，为相应的优化提供方向。

产品页优化

活动实施

步骤一：使用工具分析商品

首先，查询宝贝的主要流量入口，通过生意参谋品类罗盘中的"商品360"工具，可以查看宝贝的流量来源。如图 4-7-4 所示，可以看出该商品主要的免费流量来源于手淘搜索，此时要继续优化宝贝页面，可以着重从手机详情页方面入手。

流量来源	访客数 ⬍	下单买家数 ⬍	下单转化率 ⬍	浏览量（占比）	操作
直通车 ⓘ	89 3.49%	3 -25.00%	3.37%	170 38.29% 19.72%	详情 趋势
手淘搜索 ⓘ	48 -15.79%	1 -50.00%	2.08%	67 15.09% -30.93%	详情 趋势

图 4-7-4　流量来源

其次，在免费流量来源当中，自然搜索流量来源是占比最大的部分。针对标题进行优化，能够有效地为店铺带来更多的自然搜索流量。通过生意参谋的选词助手功能，可以查询到宝贝关键词的详细流量数据，如图 4-7-5 所示。

搜索词	带来的访客数	带来的浏览量 ⓘ	引导下单买家数 ⬍	引导下单转化率 ⬍	跳失率 ⬍
	270	493	12	4.44%	64.81%
	235	581	10	4.26%	60.00%
	153	297	12	7.84%	64.71%
	150	236	14	9.33%	76.67%
	140	371	3	2.14%	50.71%
	128	250	9	7.03%	61.72%

图 4-7-5　选词助手

对能带来流量和不能带来流量的关键词要做出分类并找出原因，舍弃不能提供流量的关键词，保留能提供流量的关键词，并挖掘更多的同类型的关键词为店铺获取流量。

步骤二: 优化宝贝页面

在宝贝已经具备了一定流量时,还需要继续优化宝贝内容来提高用户留存率,包括宝贝首图、标题、价格、标签等方面。由于淘宝同框展示宝贝较多,所以要吸引用户点击的话,宝贝首图要具有差异化视觉效果,和其他店铺宝贝区分开来。可以为宝贝首图添加边框和少量的文案,同时将图片亮度和饱和度做相应的拉升,起到亮眼效果。标题书写要阅读流畅,利益点突出。宝贝销量不要为零,这会让消费者缺乏信任感。价格适中,不要过高,设置公益宝贝标签以提高信任度。

当店铺宝贝有浏览量,但是转化数据低下时,可以通过生意参谋查询宝贝的用户停留时间和流量去向来分析原因。如果用户停留时间较短,一般是因为宝贝页面的主图板块和详情页的头屏海报缺乏吸引力。如果用户有一定的停留时间但转化依然低下,一般是因为详情页营销导向不足。主图板块中要带有一定的营销导向、优惠促销和活动信息。详情页中的利益点、模特图和使用场景图要有针对性。商品规格设置要合理,规格图片和备注要完善,方便用户查看和挑选。详情页内容框架要完整,排序合理,在抓住用户需求的同时,使用的场景和文案要具有一定的营销导向,销售信息尽量完整。

在对店铺进行优化之后,根据宝贝数据的不同,还需要对宝贝做进一步的分类调整。对于其中较为优质的宝贝,可以给予橱窗推荐位置,让宝贝得到更大的曝光率和优先排名展示。同时根据之前的经营情况,考虑是否要将引流款、利润款、活动款、形象款对应的宝贝重新进行分配,进一步改善店铺经营状况。

任务拓展

对于一些知名的企业品牌来说,互联网市场是重要的客户集散地。所以大多数企业都会在网上开设自己的企业店铺,这些店铺产品众多,都有自身独特的作用。

请同学们登录天猫官网,搜索并查找一家知名品牌店铺,分析其中的产品,并试着从引流款、利润款、活动款和形象款等角度对这些产品进行分类。

任务评价

内容优化任务评价表

评价维度	评价内容	评价量规	评价	得分
价值观与情感态度	具备良好的职业情感和服务意识	三级		
	具备创新意识,有具体的创新事件	三级		
	具备人员分工意识、团队精神、活动执行力	三级		

续表

评价维度	评价内容	评价量规	评价	得分
过程与方法	具备信息化技术素养，能够完成信息收集、整理和分析工作	三级		
	具备团队管理、时间管理等管理技巧	是否		
	执行工作规范情况	是否		
知识与技能	有进行店铺风格优化的能力	是否		
	有宝贝页面优化的能力	是否		
	有进行产品分类优化的能力	是否		
说明	三级等级评定赋分规则：一级至三级分别为1分、2分、3分；是否赋分规则："是"为1分，"否"为0分			

任务八　流量推广，增加店铺曝光

任务描述

　　店铺运营，流量为王。流量是所有店铺都在努力追求的，代表着人气和收益。除了平台自身的流量，还有一些来自平台站外的流量也很重要。选择好的商品，做定位推广，对店铺的销量和转化率会有意想不到的提升。

任务实施

活动一　免费推广方式

活动准备

　　常见的平台站外的流量，大多来自各大流量媒体平台，而平台站内的流量也分为免费和付费两种。找到和挖掘这些流量，并将其引入自己店铺的方式方法有很多，难点在于，通过这些引流手段，能否有效地达成推广目标。

活动实施

步骤一：使用聊天工具争取流量

通过旺旺，用户常常能收到淘宝的各种信息，其中有很多都是曾经购买过的商家，正在通过旺旺推送店铺主打的商品或者新品信息，让用户能第一时间了解到了一些优惠信息和促销活动等，如图 4-8-1 所示。

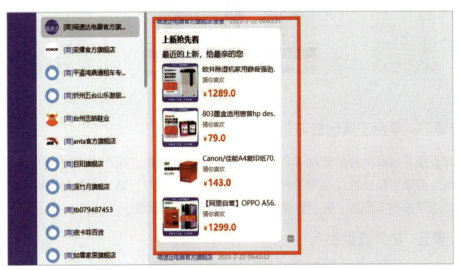

图 4-8-1　旺旺推广

由此可见，旺旺是一个很有效的商品推广方式，是卖家与买家直接沟通的纽带，能在一定程度上起到推广引流、促成回头客的作用。可以通过旺旺对客户进行分组，按需求或购买时间进行分类，做精准推送提高效率。

步骤二：优化标题获取流量

标题优化推广，是获取淘宝免费流量的主要方式。根据店铺之前经营沉淀下来的数据，对标题进行分析，优化修改标题关键词，尽可能地获得更多的流量。

步骤三：商品分流利用流量

可以针对店铺内流量较多的商品制定进一步的优惠活动。在吸引流量的同时，可以搭配销售店内其他商品并给予专属优惠活动；或者在详情页头屏，为其他商品设计营销海报和跳转链接，带动其他商品的流量增长，如图 4-8-2 所示。

图 4-8-2　详情页分流

步骤四：平台工具创造流量

淘宝直播是电商平台的营销工具，定位为消费类的直播。用户可以边看边买，且消费节奏较快。商家可以在通过店铺平台开通直播功能后，定时开播，为自身店铺进行直播带货、推广店铺内各项商品、吸引流量的同时也能提高店铺销量。

步骤五：站外流量引入

除了淘宝平台内的免费推广方式，还有一些淘宝站外的流量平台工具，也可以进行推广。例如，可以利用微信朋友圈或者 QQ 空间，适量地推送一些店铺优惠活动、商品信息等，吸引更多的用户进入店铺。通过今日头条、百度贴吧、微博、论坛等平台，注册店铺号并定时推广店铺相关信息、自身动态、活动推广等，提高曝光量，吸引流量。还可以在以抖音、快手为主的短视频平台上，创建自己的店铺号来进行营销推广，获得更多的流量曝光。

活动二　付费推广方式

活动准备

相对于淘宝站内的免费流量来说，淘宝平台的付费推广工具，更为直接有效，但经营成本也会随之提高。在千牛工作台中，单击"推广"选项后，可以看到平台提供的付费推广工具。

活动实施

步骤一：了解直通车

直通车是为专职淘宝卖家量身定制的，按点击付费的效果营销工具，实现宝贝的精准推广。当买家主动搜索时，它会在最优位置展示宝贝，超准推荐给每一位潜在买家。宝贝在展示位上免费展示，买家点击进商家才需要付费。商家可以自由设置日消费限额、投放时间、投放地域，有效控制花销，合理掌控成本。

步骤二：了解引力魔方

引力魔方，覆盖淘宝首页猜你喜欢流量、淘宝焦点图等各类优质精准流量的推广宝贝。用户从入淘浏览、点击收藏、加购到订单成交，引力魔方流量资源场景均有覆盖，全面解决了商家生意投放的流量瓶颈。

引力魔方拥有更畅快的人群组合投放能力，搭载全新人群方舟的人群运营计划。引力魔方可以向相似宝贝人群、相似店铺人群、行业特色人群、跨类目拉新人群等定向投放广告。

步骤三：了解极速推

极速推是确定性流量推广工具。在推荐越来越被用户喜欢、能够给用户带来更好的购物体验的同时，也变成了商家的必争之地。极速推可以帮助宝贝快速曝光在用户面前，验证宝贝竞争力，宝贝点击越高说明用户越喜欢你的宝贝，点击越低说明用户越不喜欢你的宝贝。这样可以快速从店铺里筛选出消费者到底更加喜欢哪些宝贝，从而能够加速宝贝的成长，同时极速推的数据将会累计，这也会提升宝贝在其他渠道的推广效果。

✅ 任务拓展

在不了解官方付费推广工具时，盲目地使用推广计划会造成不必要的损失，增加店铺的经营压力。

请同学们在网上寻找营销工具的相关视频，学习营销工具的使用技巧。

✅ 任务评价

流量推广任务评价表

评价维度	评价内容	评价量规	评价	得分
价值观与情感态度	具备良好的职业情感和服务意识	三级		
	具备创新意识，有具体的创新事件	三级		
	具备人员分工意识、团队精神、活动执行力	三级		

续表

评价维度	评价内容	评价量规	评价	得分
过程与方法	具备信息化技术素养，能够完成信息收集、整理和分析工作	三级		
	具备团队管理、时间管理等管理技巧	是否		
	执行工作规范情况	是否		
知识与技能	了解直通车的相关知识	三级		
	了解引力魔方的相关知识	三级		
	了解万相台的相关知识	三级		
说明	三级等级评定赋分规则：一级至三级分别为1分、2分、3分；是否赋分规则："是"为1分，"否"为0分			

素 养 课 堂

做一名服务于现代化建设的电商人才

人才强国，人才兴国，人才是国家第一资源，加强现代化建设的步伐，离不开人才的支撑。党的二十大报告中明确提出："培养造就大批德才兼备的高素质人才，是国家和民族长远发展大计。"

网络店铺作为现代化服务行业的重要组成部分和显著标志，已经全面融入了人民生活当中，人们通过网络购物也愈发频繁。如今经营一家网店已不再像之前那样随意和粗糙，现在变得更注重技能和技巧。从了解网店，学习开设网店，到自己经营一家网店，就是提高自身技能，成为高素质人才的过程。

现在网络市场环境日益完善，网购行业的店铺水平也在不断提高。一些质量不过关的店铺，由于缺乏竞争力，已经慢慢淡出了人们的视线。现在商家要做的就是学习技能，培养素质，努力提高自己，就像党的二十大报告中所说的"功以才成，业由才广"。只要不断学习掌握知识技能，在实践中摸索成长，相信店铺也会经营得越来越好。

项目五

店铺直播推广

项目综述

随着网络的发展，人们的生活变得丰富多彩，图文消息已经不能满足社会大众的需求，越来越多的年轻人选择用视频、音频的方式分享生活。因此衍生出很多新的行业，比如短视频、直播等。直播作为互联网时代下的一种新型社交方式，内容更加丰富，互动性更强，体验感更好，商品更加直观，更能满足用户需求。由此可见，直播的魅力无处不在。

让我们一起走进项目五，学习店铺的直播推广吧！

知识目标

1. 掌握直播间商品定价策略；
2. 掌握直播间活动类型；
3. 掌握直播脚本撰写规则；
4. 掌握直播演练的基本技巧；
5. 掌握各类直播数据指标。

技能目标

1. 能根据商品定价策略对直播商品进行定价；
2. 能策划形式多样的直播活动；

3.能根据相关商品撰写直播脚本；

4.能根据脚本进行完整的直播演练；

5.能分析直播数据并完成优化。

情感目标

1.培养学生语言表达和组织沟通能力；

2.培养学生自主探究的学习精神；

3.培养学生不忘初心，吃苦奋斗的精神。

任务一　商品定价，以价格刺激用户下单

任务描述

商品定价是一项重要又复杂的工作，这个问题可难倒了安踏运动鞋旗舰店直播团队的小伙伴们，旗舰店主打商品是安踏运动鞋（图5-1-1），他们正在为商品定价而发愁。因为他们考虑的因素太多了，不仅要考虑店铺利润、商品成本，还得考虑粉丝能不能接受，能不能获得转化，提升成交量。

作为主播一定要学会制定合理的定价策略，最大限度减少成本，在保证自身营利的基础上，为用户提供更多的优惠，刺激用户的购买欲望。

让我们一起来学习如何给直播商品定价。

图5-1-1　安踏运动鞋

任务准备

了解客单价的档次分类

一般来说，客单价分为高、中、低三个档次（表 5-1-1）。

表 5-1-1　商品价格分类

价格档次	价格范围	用户购买特征
高客单价	100 元以上	这类用户是一群高端用户，十分看重质量和品牌，希望商品是为他量身打造的
中客单价	50 ~ 100 元	这类用户比较看重商品的实用性，通常会货比三家，反复对比
低客单价	50 元以下	这类用户看重价格，图便宜，购买决策过程很短，大多属于冲动式消费

了解直播商品的结构规划

商品的客单价和商品类型需控制在一定的比例，既要考虑到不同消费群体的需求，又要避免商品品类和客单价之间的单一化。直播商品的结构类型会影响直播商品的购买转化率，在直播带货中，直播间主要包含以下四种类型的商品（图 5-1-2）。

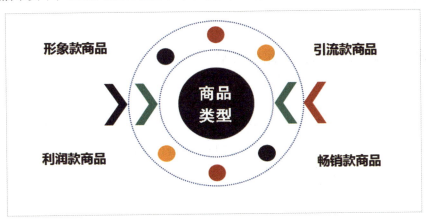

图 5-1-2　商品类型

1. 引流款商品

顾名思义，引流款商品就是为直播间引进流量的商品。直播间有了流量才会有用户

停留、有销量。这类商品有自己的目标用户群体，用户都比较热衷于这些商品。引流款商品具有较高的性价比，基本是以成本价，甚至是低于成本价销售。一般会用在直播带货开始前半个小时的热场活动当中，用来引流，吸引粉丝。

2. 畅销款商品

畅销款商品主要是为了解决需求，承接流量的。有些用户进入直播间不做任何活动，就只是为了买畅销款商品。

3. 利润款商品

一场直播的盈利比例取决于利润款商品的销量。利润款商品的销量与盈利是成正比的。购买这类商品的用户对价格敏感度不高，一般追求个性，愿意去消费，也有能力去消费。因此，利润款商品一般质量好，售后好，有独特之处。

4. 形象款商品

这类商品会被很多直播间忽视，觉得上架这类商品没有很大的意义。其实形象款商品就像人的外表一样，气质好、形象好的人总是会第一时间引起别人的关注，给人耳目一新的感觉。

任务实施

步骤一：认识商品定价的定义

商品定价是直播营销与运营中非常重要的工作，主要是根据营销目的和商品在直播间的作用为商品制定一个合理的价格，以取得最佳的直播营销效果。

商品定价，以价格刺激用户下单

步骤二：掌握直播商品的定价策略

1. 商品组合定价法

商品组合定价法是指为了贴近消费者的某种心理，特意将一些商品的价格定高一些，一些商品定低一些。通常会将互补商品或关联商品进行组合定价，从而有利于提升商品的销售量。从某种程度上讲，低价用来打开市场，吸引消费者。高价用来凸显商品质量，宣传店铺形象，两者共同起到刺激消费者的作用。在电商直播中，商品组合定价法也同样适用。商品组合定价应遵循三大原则：

（1）赠品和商品有关联。

举例：在电商平台购买一箱华洋汽水需49元，但在直播时用户花同样的价格可以到手两份商品，买一箱汽水获赠一个开瓶器，因为消费者在开汽水的过程中会用到开瓶器，两者是有关联的。

好处：主播这样做可以给用户带来一种受到关爱、关心的感觉，在保证质量的前提下，即使商品定价稍微高一些，用户也易于接受。

（2）套装搭配。

举例：一套夏季出街装一般包括衣服、裤子、帽子、墨镜、挎包。如果以上服装配饰单独购买，总价可能超过 600 元，但主播在直播间给出的价格十分优惠，墨镜 68 元，鞋子 238 元，其他都不要钱，总价只要 306 元。

好处：主播在说出商品价格时，语速要快，声音要饱满，向用户传达商品的优惠力度，刺激用户，使其兴奋，进而下单购买。

（3）赠品在直播中多次出镜。

举例：一双安踏网鞋，实体店卖 599 元，电商平台卖 520 元，主播在直播间做活动，只需 468 元，买一发二，赠送袜子一双。这双袜子要在直播间多次出境，主播需亲自使用，善于与用户制造共同话题，给用户留下深刻的印象，增强用户对主播的信任度。

举例：飞科吹风机，下单赠送一把梳子。主播要在展示吹风机时反复使用这把梳子，增加梳子的出镜率和使用率。

好处：主播亲自用的东西，更容易获得用户的信任感。

2. 阶梯策略

阶梯策略又称为花式价格策略，主要用于销售客单价较低或成套售卖的商品。其实这也是"买一送一"的升级版。例如，华洋汽水原价为 49.9 元，在直播间内第一件 39.9 元，第二件 29.9 元，第三件 19.9 元，第四件免费。在这种价格策略下，主播往往会引导直播间的粉丝"建议数量填 4，4 件一起拍更划算"。阶梯型的价格策略可以给用户带来巨大的冲击力。

3. 锚点定价

价格锚点是商品价格的对比标杆。在用户眼里，商品的价值是"相对存在的"，这件商品到底值不值这么多钱，这个定价到底实惠与否，都需要一个可供参照的标准，价格锚点就是直播过程中主播设定的参照标准。

4. 惊喜定价

主播对待粉丝一定要真诚，需用心讲解每一款商品的细节、参数等信息。严格把控商品质量，还要学会营造出用户预期的场景，让用户感到惊喜。

惊喜定价就是主播在介绍商品的时候，给出的价格略高，但在上链接时给出一定的优惠力度，这样用户在付款的时候就会有惊喜的感觉。

5. 尾数定价

在给商品定价时，会经常以"8""9"结尾，如 9.9、19.8、99、199 等，这就属于尾数定价，就是给商品定一个以零头数结尾的价格。

6. 买赠模式

买赠模式是通过向消费者赠送小包装的新商品、价格较低的小件商品或买一件送一件等形式来刺激消费者的购买欲望。例如买橙子赠送开果器，买鞋子赠送一双袜子等。

7. 套装定价

套装模式通常是将相同品类的商品放在一起组成一个套装，设定一个价格进行销售。

例如，直播团队销售的洗护用品，一瓶洗发水 59.9 元，一瓶护发素 49.9 元，如果分别购买，用户需要花 109.8 元，若直播团队将洗发水和护发素组成一个套装，定价 89.9 元，就会让用户觉得套装更优惠，还省去了自己选择搭配的时间，省时省力。

商品定价一般遵守的三个原则

一是成本加成定价。这种定价法是在每种商品的成本上加一定的利润额作为该商品的价格。

二是客户导向定价。客户导向定价也叫价值导向定价，是根据商品的价值以及客户需求来进行定价的。

三是竞争导向定价。这种定价法是根据市场竞争状况给商品定价的一种方法。这种定价只是用来实现销售目标，提高市场占有率，以此来获取更多的利润。如果是通过牺牲价格来完成市场份额，这样就颠倒了它们的主次。

✅ 任务拓展

请根据所提供资料，为下面直播商品定价，并说明定价策略及原因。

商品类型	成本价	平时促销价	直播促销价	销售方式
苹果	69 元 / 箱	88 元 / 箱		
樱桃	108 元 / 箱	158 元 / 箱		
香蕉	49 元 / 箱	79 元 / 箱		

任务评价

商品定价任务评价表

评价维度	评价内容	评价量规	评价	得分
价值观与 情感态度	具备良好的职业情感和服务意识	三级		
	具备创新意识，有具体的创新事件	三级		
	具备人员分工意识、团队精神、任务执行力	三级		
过程与方法	具备信息化技术素养，能够完成信息收集、整理和分析工作	三级		
	具备团队管理、时间管理等管理技巧	是否		
	执行工作规范情况	是否		
知识与技能	了解客单价的档次分类	是否		
	了解直播商品的结构规划	是否		
	能根据商品定价策略对直播商品进行定价	三级		
说明	三级等级评定赋分规则：一级至三级分别为1分、2分、3分；是否赋分规则："是"为1分，"否"为0分			

任务二　活动策划，以玩法点燃直播间

任务描述

　　为了更好地实现营销目标，进行直播活动策划是商家必须经历的重要"战役"。直播间不应是枯燥乏味的，而应策划一些有特色的直播活动，烘托直播氛围，形成直播间内的订单转化。"直播活动做得好，直播流量翻一番"，因此要想获得高人气、高销量，直播活动是必不可少的。

直播互动玩法形式多样，不同的玩法对直播间用户的参与程度以及成交转化有不同的影响。那么如何更好地进行直播活动策划呢？

任务准备

🛒 认识直播活动分类

直播活动分为日常活动与大促活动。

1. 日常活动

（1）点赞抽奖：可以增加粉丝互动率与停留时长。

（2）关注抽奖：可以增加粉丝数量，积累粉丝群体。

（3）商品趣味问答：一般在在线人数较多时设置，可留住用户，增加直播间观看时长。

（4）直播下单加赠：增加直播间销量，提升渗透率。

（5）分享抽奖：增加直播间场观量，提升新进流量，达到二次传播的效果。

2. 大促活动

大促期间做秒杀是快手、抖音、淘宝等平台都愿意做的一个活动，其中短视频直播平台可以直接上架，淘宝直播大促活动分为秒杀、裂变券排位赛（打赏）、粉丝打榜、小程序四种主要的形式。

任务实施

活动策划，以玩法点燃直播间

步骤一：策划整体直播活动

一场直播活动的规划分五个方面：直播主题、直播时间、直播营销规划、直播商品策划和直播复盘（图 5-2-1）。

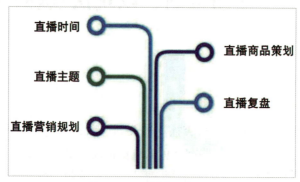

图 5-2-1　直播活动规划

1. 直播时间

应该根据消费人群制定合适的直播时间点，因此要分析用户群体在哪个时间段上线频率高。

一般来说曝光时间分为三个时间段。上午曝光的最高点应该是在 10 : 00 左右，下午曝光的最高点应该是在 2 : 00 左右，晚间曝光的最高点应该是晚上 10 : 00。

2. 直播主题

直播主题（图 5-2-2）可以紧抓当下热点，比如"6·18"大促销、"双 11"大促，元旦狂欢等；也可以做一些节日主题，比如中秋节、国庆节等，或者商家可以创造自己的节日主题，比如周年庆活动、年终盛典等。

图 5-2-2　直播主题类型

3. 直播营销法则

直播营销法则分为吸粉、转化、裂变、留存。

（1）吸粉。可以通过以下几种方式在开播之前推广自己的直播活动。首先，可以充分利用公众号进行传播，比如运用公众号图文预告进行直播预告，也可以设置关注回复、客服消息自动回复等进行直播预告。快开播的时候再发一条带小程序二维码的海报让客户关注。其次，我们还可以在小程序商城页面进行预告，在首页放全屏海报或者直播插件，或者是开屏推广，并进行轮番播报。

（2）转化。直播间开播之后，就要想办法实现粉丝的转化了。直播间卖货转化的几种常见类型为秒杀、抽奖、优惠券、砍价/拼团（图 5-2-3）。

秒杀

爆款秒杀/一元秒杀/新品
秒杀/尾货秒杀
社交环境下,每场必备4~5款
常规秒杀款,放在整点进行介
绍,或者中间位进行介绍
低价秒杀,如1元、9.9元,可
以选择不包邮,和其他产品一
起带走

抽奖

截图抽奖,主播与粉丝互动;
奖品注重性价比/高质量/实用
性,可以是前面直播的爆款,
可以是新品
抽奖个数在5~10个,可以为整
点抽奖,或者意外惊喜,根据
产品来定

优惠券

主播场分专属商品优惠券和全
场优惠券
主播专属优惠券,为主播专设,
突出属性
特点多为大额优惠券,通用型
数量要少
在开场的时候,设置进直播间即
可领券,点赞领券,关注领券

砍价/拼团

高质量低价格进行传播,有利
于打造爆款/新品
砍价、拼团是一种秒杀形式,
砍价适合高性价比产品传播,
适合引流到商城,但是要配合
好流量承接

图 5-2-3 直播间转化活动类型

(3)裂变和留存。砍价和拼团可以作为一种裂变的方式,另外以发放优惠券和礼品的方式鼓励粉丝将直播信息转发至朋友圈也是很好的裂变方法(图 5-2-4)。

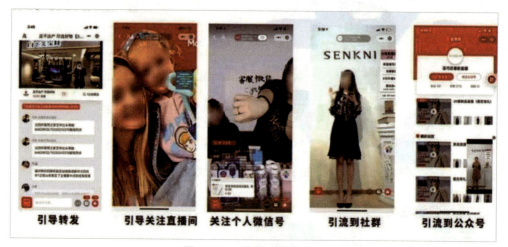

图 5-2-4 直播裂变方式

直播时可以引导粉丝关注直播间,并且可以通过不定期领取红包、福利和优惠券等方式让粉丝分享直播间到微博、公众号等相应的社群当中。这些方式都可以实现粉丝的裂变和留存。

在进行裂变和留存时,直播间的设置也是至关重要的。首先在广告位上可以添加很多信息,比如可以添加主播的基本信息、商品的优势和亮点,还可以添加微信、爆款商品,或者介绍整个直播间的背景、整个营销活动形式等。其次,要善于运用对话框引导活动,添加并回答一些常见的问题。最后背景墙可以设置一些活动福利介绍、营销福利介绍和活动背景介绍等(图 5-2-5)。

广告位
广告位支持3个，可以贴片主播介绍，添加微信等引流方式，也可以主推商品，页面

对话框
对话框，同样也可以引导活动、添加、回答常见问题等

背景墙
活动介绍；活动福利介绍；营销福利介绍；活动主题介绍，引流方式介绍等

图 5-2-5　直播间设置

步骤二：复盘总结

直播结束后，复盘也是一项非常重要的工作。做一场高转化的直播，最重要的是规划，只有前期规划好，后期开播之后才能控制好节奏，应对各种突发状况。另外，直播不应以卖货为唯一目的，还要增加粉丝黏性，提升店铺形象，毕竟品牌的增量才是长久之计。

直播互动玩法规则

在日常的直播中，商家需要设计一些别出心裁的特色主题活动，为用户制造新鲜感，加强直播间对用户的吸引力，引爆直播间的销量。互动玩法首先要做到人员配合，即主播和助理的配合。保证良好的配合之后，主播与粉丝之间的互动玩法就可以做到形式多样了，如图5-2-6所示。

图 5-2-6　直播互动玩法

任务拓展

请同学们以直播策划者的身份，为飞科吹风机直播间策划一些直播活动吧！

任务评价

活动策划任务评价表

评价维度	评价内容	评价量规	评价	得分
价值观与情感态度	具备良好的职业情感和服务意识	三级		
	具备创新意识，有具体的创新事件	三级		
	具备人员分工意识、团队精神、任务执行力	三级		
过程与方法	具备信息化技术素养，能够完成信息收集、整理和分析工作	三级		
	具备团队管理、时间管理等管理技巧	是否		
	执行工作规范情况	是否		
知识与技能	了解直播活动的分类	是否		
	了解直播互动玩法	是否		
	学会直播活动整体策划	三级		
说明	三级等级评定赋分规则：一级至三级分别为1分、2分、3分；是否赋分规则："是"为1分，"否"为0分			

任务三　直播搭建，以环境营造直播氛围

任务描述

直播间的环境布置直接影响着直播画面的整体呈现效果，影响着用户的观看体验。一个整齐、干净、具有代入感的直播间能够让用户在观看直播时产生沉浸感，刺激用户产生

消费欲望。直播场地不同，主播关注的要点也会有所不同，那么直播间到底需要哪些设备，又该如何搭建直播间呢？让我们一起来学习直播搭建的相关知识吧。

任务准备

🛒 了解直播的分类

直播按场地分为室内直播和户外直播，室内直播和户外直播所需要的设备和器材有所不同。

任务实施

直播搭建，以环境
营造直播氛围

步骤一：熟悉直播设备的配置

1. 室内直播常用设备

通常来说，室内直播的常用设备主要有以下几种：

（1）视频摄像头。视频摄像头是直播视频的基础设备，目前有固定式摄像头（图5-3-1），也有软管式摄像头（图5-3-2），还有可拆卸式摄像头（图5-3-3）。

图 5-3-1　固定式摄像头

图 5-3-2　软管式摄像头

图 5-3-3　可拆卸式摄像头

（2）话筒。通常可以将话筒分为动圈话筒（图5-3-4）和电容话筒（图5-3-5）两种。

图 5-3-4　动圈话筒

图 5-3-5　电容话筒

（3）声卡。声卡是直播时使用的专业的收音设备和声音增强设备，一台声卡可以连接四个设备（图5-3-6）。

图5-3-6　声卡设备

（4）灯光设备。为调节直播环境中的光线效果，直播间需要配置灯光设备（图5-3-7）。灯光设备中主要有环形补光灯、八角补光灯、柔光灯、无影灯、美颜灯等。

图5-3-7　常用灯光组合

（5）计算机、手机。计算机和手机可以用来查看直播间评论，与用户进行互动。

（6）支架。支架用来放置摄像头、手机、话筒，它既可以解放主播的双手，还可以让主播做一些肢体动作，增添直播的氛围感和代入感。支架有三角支架（图5-3-8）、手机支架（图5-3-9）和话筒支架（图5-3-10）等。

图5-3-8　三角支架

图5-3-9　手机支架

图5-3-10　话筒支架

（7）网络。网络可以分为有线网和无线网。室内直播时，如果条件允许，尽量使用有线网络，因为有线网络的稳定性和抗干扰性要优于无线网络。

步骤二：熟悉户外直播常用设备

户外直播设备基本配置：手机 + 声卡 + 耳麦 + 监听耳机 + 手持稳定器 + 随身 WiFi+ 移动电源。

1. 手机

大多户外直播会使用手机进行，这样实时互动也非常方便。如果不需要移动，也可以用电脑直播。如果户外直播是爬山、徒步、骑行等活动的话，不方便手持手机开播，可选择支持直播功能的运动相机，某视角广，拍摄也更清晰。

2. 常规声卡 + 耳麦 + 监听耳机

声卡配置考虑随身携带、小巧方便，可安装在自拍杆或者手持云台上使用。

考虑到户外直播声音环境嘈杂，单纯用耳机直播收音不佳，主播用耳机讲话太累嗓子，所以建议配置收音优秀的降噪麦克风。领夹麦一定要选有接收器的。

3. 手持稳定器

如果户外直播需要走动，那么还需要配一个手持稳定器，避免镜头抖动的情况发生。

4. 随身 WiFi / 大流量手机卡

户外直播中最常遇到的问题便是网络信号不佳，从而导致直播画面延迟、卡顿，所以一般会配一个随身 WiFi 解决。

5. 移动电源

户外直播大多需要配置大功率大容量的移动电源，以保证直播设备的供电。购买时，可根据自己的直播时长需求选择电池容量和轻便程度。如果你在一线城市，可以选择租借移动电源，随借随还。

步骤三：掌握直播背景的设置

直播背景是衬托主播气质以及风格的重要部分，因此背景的布置一定要与主播本身气质相符合，主播是什么样的风格，直播间就应该布置成什么样的风格。另外直播间的背景要遵循简洁明了的原则，背景不抢主播的风头，一般以浅色或纯色为主，若是觉得太单调，可以在背景墙上添上一些 Logo，还可以在直播间适当的位置摆放一些其他摆件，如沙发、绿植等。简约大方、清新时尚的直播间风格适合大多数的主播，无论你是什么类型的，整洁、温馨的直播环境，都极易让粉丝产生代入感，沉浸在直播的氛围当中。

构图时整个人不要离镜头太近，否则会有压抑感；但也不能太远，否则会有距离感；远近要适中。以下几种直播间风格可供参考，如图 5-3-11 ~ 图 5-3-13 所示。

图 5-3-11　童装直播间

图 5-3-12　母婴直播间

图 5-3-13　数码直播间

步骤四: 掌握直播场地的设置

1. 室内直播场地设置

室内直播间一般适合一些对光源要求强、对关键点展现要求高的商品,例如服饰、特色美食、美妆护肤等,对场所的要求具体有以下几个方面:

(1)有不错的隔音实际效果,防止外部嘈杂声影响。

（2）有不错的背景实际效果，营造更好的直播氛围。

（3）有不错的光源实际效果，提高直播间商品和角色的漂亮度，减少偏色，提高直播间展现的视觉冲击。

2. 户外直播场地设置

户外直播间适合一些体积或经营规模很大的商品，以及一手货源当场购置等一系列有户外场所要求的商品，例如在港口现场选择海产品。这些对场所的要求具体有以下几个方面：

（1）优良的气温自然环境。如在黄昏或是夜间，就必须有补光灯、柔光灯。

（2）户外场所不适合过大。直播环节中主播不但要依据自己的日程安排解读商品，还需要回复用户对某一商品的需求，因而过大的场所会消耗很多的走动时间。

（3）户外的条件要相对美观大方，例如可以在精装的院落里直播。环境不可以过度杂乱无章，防止出现大量人流、车流、工程建筑等。

坐播、站播的场景设计方案参考

站播直播间，场景大小 40 平方米左右，适合服装、家纺、居家、箱包等类目，如图 5-3-14 所示。

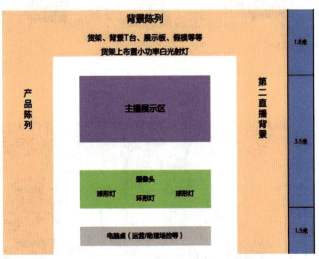

图 5-3-14　站播直播间布局图

坐播直播间，场景大小可以在 30 平方米左右，适合美食、美妆、珠宝、玩具等类目，如图 5-3-15 所示。

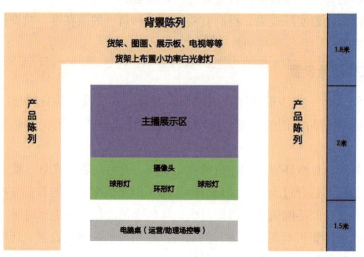

图 5-3-15　坐播直播间布局图

直播间场景案例赏析如图 5-3-16 和图 5-3-17 所示。

图 5-3-16　直播间场景一

图 5-3-17　直播间场景二

任务拓展

请同学们根据所学知识绘制出直播间的整体布局。

任务评价

直播搭建任务评价表

评价维度	评价内容	评价量规	评价	得分
价值观与情感态度	具备良好的职业情感和服务意识	三级		
	具备创新意识，有具体的创新事件	三级		
	具备人员分工意识、团队精神、任务执行力	三级		
过程与方法	具备信息化技术素养，能够完成信息收集、整理和分析工作	三级		
	具备团队管理、时间管理等管理技巧	是否		
	执行工作规范情况	是否		
知识与技能	了解直播设备的配置	是否		
	学会直播背景的设置	是否		
	学会直播场地的设置	三级		
说明	三级等级评定赋分规则：一级至三级分别为1分、2分、3分；是否赋分规则："是"为1分，"否"为0分			

任务四　脚本策划，以流程规划直播节奏

任务描述

脚本是指表演戏剧、拍摄电影所依据的底本或者书稿。直播脚本包含场景搭建、直播参与人物、直播间道具、台词（话术）、动作、流程、时间等要素。直播脚本主要分为两

大类：一类是单品脚本，一类是整场脚本。直播脚本是在直播过程中参考的基础素材，也是把控直播节奏、规范直播流程、达到直播预期目标的关键环节。飞科直播间准备开播了，那么到底如何撰写直播脚本呢？一起来学习吧。整体直播脚本可参照表5-4-1所示的模板。

表 5-4-1　整体直播脚本模板

项目	×××直播脚本
直播主题	例：×××夏季新品发布（从需求出发）
主播	例：烈儿宝贝
主播介绍	品牌主理人、时尚博主、模特
步骤	内容提纲流程
1	前期准备（直播宣传、明确目标、人员分工、设备检查、商品梳理等）
2	开场预热（适度互动、自我介绍等）
3	品牌介绍（强调关注店铺、预约店铺）
4	直播活动介绍（直播福利、简介流程、诱惑性引导）
5	商品讲解（从外到内、从宏观到微观，语言生动真实）
6	商品测评（360°全方位体验，站在用户的角度）
7	商品性用户互动（案例讲解、故事分享、疑问解答等）
8	试用分享、全方位分析（客观性、有利有弊、切忌夸夸其谈）
9	抽取奖品（穿插用户回答）
10	活动总结（再次强调品牌、活动以及自我调性）
11	结束语（引导关注、预告下次内容）
12	复盘（问题发现、脚本调整、优化不足等）

 任务准备

熟悉通用版直播脚本流程设计

1. 开场聚人（第0~5分钟）

这个时间段，主要就是和粉丝拉近关系，同时为正式直播做好前期准备。所以在这个时间段，主播可以做以下三件事：

（1）和粉丝拉家常，快速拉近和粉丝的距离。

（2）抽奖，迅速烘托直播间的氛围。

（3）包装渲染商品，可以介绍商品的产地、历史、销量、权威证书等。与此同时需保留一点悬念，激发粉丝的好奇心。

2.留客（第5～7分钟）

在正式直播开始之前，可以通过宣传本场直播的促销活动把粉丝留在自己的直播间里。比如介绍促销活动：抽99个幸运观众，发3波大红包，买1送5，送限量版礼物，送福袋等。同时要引导用户和主播进行互动，在公屏上留言等。

3.锁客（第7～12分钟）

在这个时间段要描述商品的使用场景来锁住用户。比如有些主播经常会说："我们吃早餐的时候，我女儿最爱吃这个小面包了，一次能吃四个。"同时主播还可以在这个时间段试用商品，比如可以直接上装、直接现场试吃等。试用完还要把自己的使用感、商品的最大功效点和粉丝进行沟通，让粉丝对你产生信任，对商品产生兴趣。

4.背书（第12～16分钟）

在这个时间段主播可以给商品进行背书。比如展示商品的各种证书、网友好评、过往销量截图、"大V"口碑推荐、网红"种草"、官方获奖记录等，一定要让用户觉得这是一个值得信赖的商品。

5.说服（第16～22分钟）

在这个时间段主播要详细介绍商品的主打功效、使用人群、价位、成分、包装、促销和竞品对比等，要让用户全方位认可这个商品。

6.促单（第22～27分钟）

这时可以宣布价格，一定要让用户有"占便宜"的感觉，觉得今天买太超值了，不买就亏了。也要加大力度宣传促销政策，比如直播间前所未有的优惠，前100名加送同款、现金返还、随机免单、抽奖、七天无理由退换等，以此来刺激用户下单的欲望。

7.逼单（第27～30分钟）

不断提醒用户销量，营造"货物很抢手，不买就没了"的气氛。比如很多直播间每次只上1 000件商品，等抢完了继续上链接，不停地给用户制造"现在不下单就抢不到"的紧迫感。同时主播要重复商品的最大功效和利益点，刺激用户立刻下单。

✅ 任务实施

在直播对接过程当中，可能会存在各种各样的问题，这样就需要以脚本的方式进行对接。脚本可以分为商品脚本、活动脚本、销售套路脚本、关注话术脚本、评论整理、控评话术脚本等。实际上就两大类，一类是单品脚本，一类是整场脚本。

脚本策划，以流程规划直播

步骤一：认识单品脚本

单品脚本建议以表格的形式展现出来，这样能把商品的卖点和利益点非常清晰地体现在表格上，在对接的过程中也不会产生疑惑点和不清楚的地方。单品脚本表格里应该包含品牌介绍、利益点强调、引导转化、直播间注意点等事项。

步骤二：认识整场脚本

整场脚本是对整场直播的活动编写，在直播过程中，最重要的就是对直播活动流程进行规划和安排，把控直播节奏，以及逻辑和玩法的编写等。

一份适合的直播脚本，是一个直播间步入正轨的必要条件，可以让直播变得更有趣，商品卖得更好。

建议以周为单位做直播间的脚本策划，若临时做脚本策划，可能会有很多事情没有办法考虑周全。

步骤三：掌握活动策划类型

1. 通用基础活动

活动力度适中，可以长期重复结合开展。比如新人关注专项礼物、抢红包雨、开播福利、下播福利等，这些活动在脚本当中需要提前明确好，方便主播对用户进行引导，提高用户的停留时长。

2. 专享活动

这类活动吸引力度很大，可以让用户记住这个直播间，比如固定每周1元秒杀、每周二拍卖或其他类型的主题活动。大力度的周期活动不一定每天都要有，但力度一定要大，数量可根据直播间的在线人数来定。

3. 商品卖点和节奏

直播商品一般会分为爆款、新品、清仓、常规，主播需对商品卖点进行提炼。商品会不停地更替，主播也要不断补充商品知识，这样才能更快地了解新商品。在开播前如果对商品知识不熟悉，可能会出现冷场现象，直播效果就会不理想。

步骤四：熟悉直播脚本策划流程

1. 直播目标

策划直播脚本的目的是理顺直播流程，达到直播目标。因此，直播脚本撰写的第一步就是确定直播目标。

一般目标可以以数据作为具体要求，如观看量、人数峰值、点赞量、商品点击率、转化率、销售额等。

2. 直播主题

主题就是一场直播的主心骨。主题直播也是主播经常用的方法，比如有些主播经常会说，周三是美妆会场，周五是零食会场，这样一场直播只围绕一个主题进行，主播就会越来越得心应手。直播主题的选择比较丰富，例如新品上架、节日主题、开学季、换季促销、清库存甩卖等。可以根据自己的需求来定直播主题，保证直播在预设的主题方向上进行，让用户更有目标感。

3. 人员配置

直播脚本中一定要有明确的人员分工。首先，人员标配就是主播、助理、客服；然后，根据分工确定岗位职责。例如：主播负责引导用户、介绍商品、促进下单；助理负责现场互动、回复问题、活动规则解释等；后台客服负责修改商品价格、发送优惠券、粉丝沟通等。

4. 直播时间

直播脚本对时间的设定非常严格。首先需要设置好每天直播的固定时间，并严格执行；其次要定好单个商品的推荐时间，理顺流程。固定每天的直播时间可以培养用户的观看习惯，有利于后期转化。整体时间的把控要具体到每一分钟，可参考表5-4-2的内容。

表5-4-2 直播时间（20：00—21：10）

序号	时间计划	直播流程	直播内容
1	20：00—20：10	10分钟预热时间，主播打招呼，与粉丝互动，透露半场直播主题	一边互动，一边介绍身边的商品，透露近日的新款和主推款
2	20：10—20：15	5分钟抽奖时间	烘托直播间氛围，制造紧张感，加微信联系得奖人。引导转发直播，预告下轮活动
3	20：15—20：35	20分钟商品介绍，讲解2~4件商品	展示款式、颜色、面料、舒适度、搭配效果等。每款讲解5分钟左右，分别搭配展示
4	20：35—20：40	5分钟秒杀活动时间	如有秒杀款，则主推秒杀商品
5	20：40—21：00	20分钟商品介绍，讲解3~5件商品	展示款式、颜色、面料、舒适度、搭配效果等。每款讲解5分钟左右，分别搭配展示
6	21：00—21：10	结束语，引导粉丝下单，预告下场直播内容	最后几分钟用于回答粉丝的问题，引流到微信等
备注	注意在直播中使用流行称谓		

5. 商品推荐

在直播脚本的内容中，建议梳理好商品的卖点、功能属性、价格优势，这样在介绍商品时，信息会更为真实和准确。主播也可以提前在商品上做好标注，让粉丝拥有更强的信任感。当然在这个环节中，主播的话术就显得尤为重要，该怎么凸显商品优势，怎么促进下单转化，怎么获取用户信任等，都需要提前做好准备。

6. 优惠玩法

优惠券发放、直播间秒杀、促销、买一赠多等一系列活动，可以更好地调动直播间气氛，引导用户消费。因此，在直播脚本中一定要根据自己的商品设置好这些玩法。

7. 直播总结

虽然在撰写直播脚本的时候，还没开始直播，但是直播总结复盘的内容一定要设置好，方便后期总结。这里需要注意的是，直播脚本不是固定的，每一场直播的主题不同，脚本也应该不同，所以每一场直播都应该做一份直播脚本。

小贴士

直播话术顺口溜集锦

（1）三分喜欢点关注，七分喜欢刷礼物，情到深处开守护。

（2）关注走一走，活到九十九，健康又长寿！

（3）上点关注下点赞，生活越过越灿烂，你们的财富千千万。

（4）关注主播不迷路，开启缘分第一步，看上主播刷礼物，迈向成功一条路，每天直播细呵护，彼此开始走高速。

（5）万水千山总是情，点点关注行不行？万里长城永不倒，送点礼物好不好？

（6）小守护，更显酷，挨踢时候扛得住。粉丝多，别吃醋，文明发言斗礼物。

（7）欢迎各位，来得潇洒走得酷，刷刷礼物显风度，喜欢主播点关注，真心实意开守护！

任务拓展

请同学们为单品"飞科吹风机"设计一份单品的直播脚本。

请同学们以元旦为主题，帮助"飞科吹风机"直播间设计一份整场直播活动脚本及直播流程。

任务评价

直播脚本策划任务评价表

评价维度	评价内容	评价量规	评价	得分
价值观与情感态度	具备良好的职业情感和服务意识	三级		
	具备创新意识，有具体的创新事件	三级		
	具备人员分工意识、团队精神、任务执行力	三级		
过程与方法	具备信息化技术素养，能够完成信息收集、整理和分析工作	三级		
	具备团队管理、时间管理等管理技巧	是否		
	执行工作规范情况	是否		
知识与技能	了解直播脚本的分类	是否		
	了解活动策划类型	是否		
	掌握如何进行直播脚本策划	三级		
说明	三级等级评定赋分规则：一级至三级分别为1分、2分、3分；是否赋分规则："是"为1分，"否"为0分			

任务五　淘宝直播，以内容助推发展

任务描述

随着网红经济的发展，淘宝直播也开始迅速成长，从"人群、内容、流量、玩法、商业化"到"开创货品＋多元内容"的生态之路，淘宝直播成为淘宝天猫商家最快速和最有效的营销模式之一。短短几年，淘宝直播的主播数量、参与机构和交易额逐年增长，也做到了不断迭代更新，从战略到战术都紧跟时代脚步。换句话说，淘宝直播本身已经成为新媒体的一个缩影，不仅贴合时代浪潮，也让我们看到了它迸发出来的前所未有的势能。让我们借助商品"飞科吹风机"（图5-5-1），一起来学习如何进行淘宝直播吧。

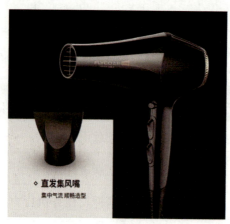

图 5-5-1 飞科吹风机

任务准备

分析商品背景资料

本次直播的商品是飞科吹风机，利用风筒中的负离子发生器产生带负电荷的离子，在吹干头发的同时还可以消除头发及头皮表面的正电荷，使人神清气爽。

1. 商品特点

（1）专业吹风机有防漏电保护功能，安全、灵巧、轻便、低噪声等特点，还能解决吹头发时干焦发烫问题，让您远离秋冬季节洗头湿冷的困扰。

（2）恒温负离子，1 800 W 功率。

（3）防过热双重保护，三档调温，可折叠。

（4）轻巧可折叠，出行方便。

（5）多种颜色可选择，经典百搭。

（6）热量均衡技术，受热均匀，精心呵护，快速干发不伤发。

2. 商品参数

商品参数如表 5-5-1 所示。

表 5-5-1 商品参数

品牌	飞科
型号	FH6276
额定电压	220 V
额定频率	1 A

续表

额定功率	1 800 W
适用场景	家里、酒店
颜色分类	黑色、灰色、粉色
尺寸	150 mm × 252 mm × 78 mm

3. 销售信息

平时促销 369 元一件，直播间专享价 188 元一件，两色可选，一件包邮。直播间优惠价格持续时间为 5 分钟，只有关注主播，点击直播间的商品链接并且在规定的 5 分钟内拍下才可以享受此价格，共 1 000 件，限时抢购，售完不再补货，每人最多购买 5 件。

4. 物流信息

默认快递是韵达，一般地区发货后 2 ~ 3 天到达，偏远地区 3 ~ 5 天。本店所有商品，在下午 6 点前拍下，均可当天发货，6 点后拍下，则在第二天发货。

5. 关于售后

（1）所有商品均可享受 7 天无理由退货。

（2）收到商品后请检查包装是否完好，如有损坏，请将问题商品与快递单一起拍照于 24 小时内联系客服进行解决。

6. 直播要求

（1）直播主题需全程围绕主播或直播商品，直播画面清晰，直播过程中没有卡顿、冷场现象。

（2）能对商品背景资料进行加工，内容讲解逻辑清晰，节奏把控到位，讲解有激情，内容有吸引力，能引导用户进行下单。

（3）直播开场部分包含问好、自我介绍、本次直播计划、促销活动四项内容。

（4）商品介绍部分应包含商品属性、特色卖点，有商品日常价格、直播促销价的说明以及商品的特写展示等。同时，要回答弹幕中出现的相关问题，回答内容要与背景资料一致，回应速度要快。

（5）直播收尾讲解需要包含引导关注、加入社群、感谢语等内容。

（6）直播全程能够引导粉丝参与互动，能带动直播间气氛，促进粉丝下单，迅速有效地处理直播过程中的突发事件。

准备直播器材

直播基本器材设备如图 5-5-2 ~ 图 5-5-5 所示。

图 5-5-2　手机

图 5-5-3　直播支架

如图 5-5-4　电脑

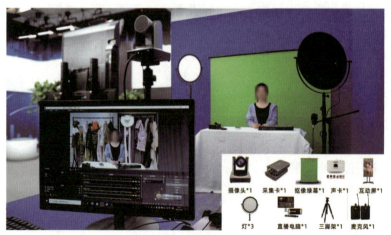

摄像头*1　采集卡*1　抠像绿幕*1　声卡*1　互动屏*1

灯*3　直播电脑*1　三脚架*1　麦克风*1

图 5-5-5　直播间全套设备

任务实施

根据直播基本技巧进行直播演练

步骤一：需求引导

需求引导的关键点是用户深受困扰、迫切需要解决的痛点，这时推荐一款商品，正好可以解决用户的燃眉之急。例如：“不知道你们有没有头发干枯，湿头发引起头痛的情况？或者说袜子、衣服弄湿的情况？其实很简单，飞科吹风机就可以满足你的种种需求。”

淘宝直播，以内容助推发展

步骤二：引入商品

在这个环节中，主播要重点描绘商品的使用场景，把使用体验说清楚，激发用户的感性思维，从而刺激用户下单。例如，主播在推荐华洋汽水时，可以这样说：“这款华洋汽水，口味独特，陪伴你左右，生日聚会来一瓶，朋友聚会来一瓶，吃炸鸡来一瓶。可以和爱的人一起享受快乐的时光。”这种商品的讲解方式可以给用户带来很大的想象空间，促使用户为了心中美好想象而下单。

步骤三：赢得信任

赢得用户信任也是直播营销的关键点。赢得信任的方式主要有三种：权威背书、数据证明和现场体验（图 5-5-6）。例如：主播在介绍美妆产品持久不脱妆时，可以自己亲身试用一下，拿个水杯把水泼在妆容上，给粉丝看看持久不脱妆的效果（图 5-5-7）。

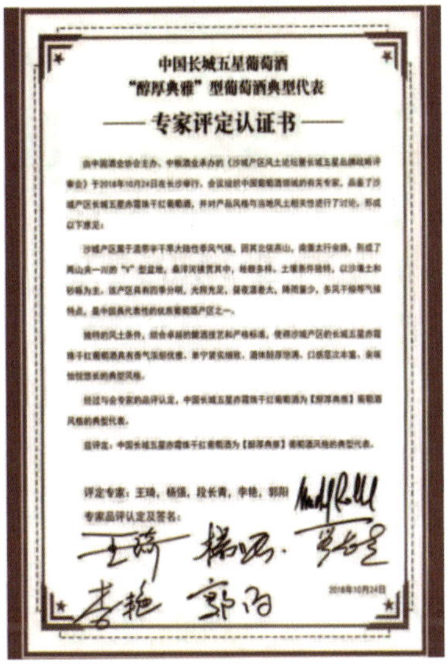

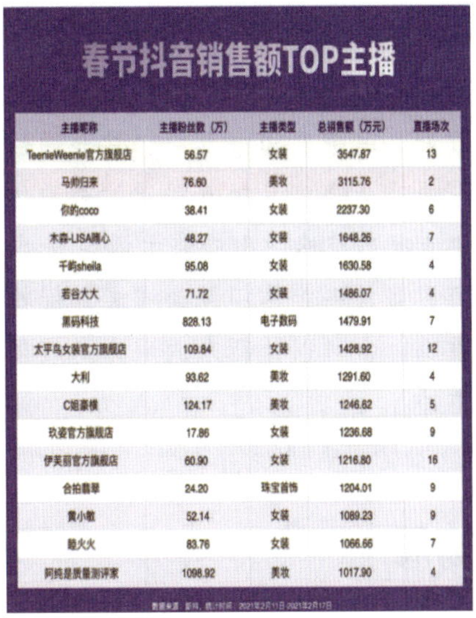
春节抖音销售额TOP主播

主播昵称	主播粉丝数（万）	主播类型	总销售额（万元）	直播场次
TeenieWeenie官方旗舰店	56.57	女装	3547.87	13
马帅归来	76.60	美妆	3115.76	2
你的coco	38.41	女装	2237.30	6
木森-LISA腾心	48.27	女装	1648.26	7
千鹤sheila	95.08	女装	1630.58	4
若谷大大	71.72	女装	1486.07	4
黑码科技	828.13	电子数码	1479.91	7
太平鸟女装官方旗舰店	109.84	女装	1428.92	12
大利	93.62	美妆	1291.60	4
C姐豪横	124.17	美妆	1246.62	5
玖姿官方旗舰店	17.86	女装	1236.68	9
伊芙丽官方旗舰店	60.90	女装	1216.80	16
合拍翡翠	24.20	珠宝首饰	1204.01	9
黄小敏	52.14	女装	1089.23	9
陆火火	83.76	女装	1066.66	7
阿纯是质量测评家	1098.92	美妆	1017.90	4

数据来源：新抖，统计时间：2021年2月11日-2021年2月17日

图 5-5-6　权威证书和数据证明

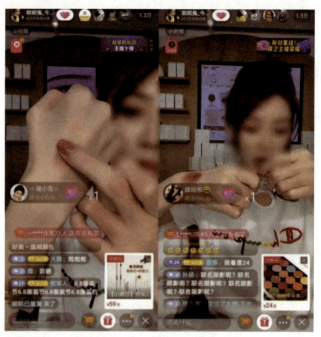

图 5-5-7　直播现场体验

步骤四：促成下单

经过以上三个步骤的铺垫后，主播可以使用一些技巧来促成用户下单。例如：营造紧张的气氛，展现价格优势和限时限量等，引导用户下单。

直播间增加背景音乐

众所周知，电视剧和电影中经常会通过播放背景音乐烘托剧情，直播的时候放一些适当的背景音乐也容易提升粉丝的观看体验。背景音乐的作用不容忽视，既能活跃气氛，控制直播的节奏，也能使主播在直播的时候减少直播压力。

主播可以多放一些热门歌曲或者询问粉丝想听什么音乐，这样既能产生互动，和粉丝产生共鸣，也可以让新来的用户对直播间产生好感，让粉丝觉得主播是一个跟得上潮流的主播。

📋 任务拓展

请同学们进入淘宝直播，观看一场带货直播，并分析其中的优缺点。

请同学们进行一场以华洋汽水为主题的直播演练。

任务评价

淘宝直播任务评价表

评价维度	评价内容	评价量规	评价	得分
价值观与情感态度	具备良好的职业情感和服务意识	三级		
	具备创新意识，有具体的创新事件	三级		
	具备人员分工意识、团队精神、任务执行力	三级		
过程与方法	具备信息化技术素养，能够完成信息收集、整理和分析工作	三级		
	具备团队管理、时间管理等管理技巧	是否		
	执行工作规范情况	是否		
知识与技能	认识淘宝直播的重要性	是否		
	掌握直播商品的讲解技巧	是否		
	能根据背景资料进行一场不间断的直播	三级		
说明	三级等级评定赋分规则：一级至三级分别为1分、2分、3分；是否赋分规则："是"为1分，"否"为0分			

任务六　数据复盘，以数据完成统计分析

任务描述

　　主播下播后并不代表工作就结束了，后面还有商品的发货、运输、退换货、退款等一系列事宜，同时，主播还要对直播间的数据进行分析，以便更好地做出调整和优化。

　　帕森太阳眼镜旗舰店上周日进行了一场淘宝直播，直播结束后，他们并不知道如何去查看这场直播的数据，也不知道这场直播到底成不成功。对此，让我们一起来学习数据复盘的相关知识吧。

 任务准备

记录基础数据和信息

　　首先，需要把大量的基础数据和信息都记录到表格上。这里有一点需要注意，一定要用表格记录，不要用 Word 文档，因为表格更利于后续的数据整理，数据化的记录方式会更直观。

了解并记住一些基本的计算公式

　　在开始记录之前，需要先了解这些基本的计算公式，因为直播间很多数据是需要计算的，如图 5-6-1 所示。

核心数据的基本计算公式

平均停留时长 = 用户观看总时长 / 观看总人数

互动率 = 评论人数 / 观看总人数

转粉率 = 新增粉丝数 / 观看总人数

客单价 = 成交订单金额 / 成交人数

转化率 = 成交人数 / 观看总人数

UV 价值 = 全场销售额 / 观看总人数

销售额 = 流量 × 转化率 × 客单价

图 5-6-1 计算公式

任务实施

步骤一：了解数据复盘的意义

　　复盘这个概念最早来源于棋界，是围棋中的一种学习方法，指的是在下一盘棋之后，要重新摆一遍，看看哪里下得好，哪里下得不好，对下得好和不好的，都要进行分析和推演。数据复盘就是收盘后对交易数据进行分析回顾。作用就是用来推演，发现规律，让工作流程化，纠正错误、避免继续犯错，将经验转化为能力等。

直播复盘，以数据
完成统计分析

数据复盘的最佳时间段

建议每场直播都进行复盘。在直播间做了一些活动策划，或做了一些特殊的调整后进行复盘效果最佳。若是商家自播，建议以周为单位进行复盘，因为投放数据会存在一个长效 ROI（投入产出比），单场的数据不能作为投放的效果评估。

步骤二：认识数据指标

直播数据分析是一项非常重要的工作，下面通过三个维度来学习直播相关数据指标。

1. 访问数据

访问数据包含三个数据指标：观看人数、在线人数和总观看时长。

在直播的过程中要一边关注数据的变化，一边做好数据记录。一般在线人数较多时，用户的占比比较大，这时要及时引导用户关注直播间，并进行转化。如果在线人数较少，主播就要积极与粉丝进行互动，比如回答粉丝的提问，向粉丝征求意见，帮助粉丝解决困惑等，以此来活跃直播氛围，增进与粉丝的感情，引导粉丝为直播间做宣传，从而增加直播间的流量。

2. 转化数据

转化数据包含两个数据指标：新增粉丝数和商品点击次数。

如果新增粉丝数低，要看一下是不是互动没有做好，没有做引导，在下一场就要多引导加关注、加粉丝团了。

3. 成交数据

成交数据包含两个数据指标：成交件数和成交转化率。

能不能成交，停留时长很重要。我们说 30 秒停留看主播，1 分钟停留看商品，3 分钟停留看人货场搭建，想要停留长一定要多互动，促使用户下单购买。

步骤三：优化提升直播间

数据复盘的最终目标是提升直播间的质量，以便获得更好的销售。那么该如何进行优化呢？

1. 熟悉商品，挖掘卖点

主播一定要熟悉商品的属性、功能等相关信息。善于挖掘商品卖点，讲清楚商品的亮点，善于引导用户互动，在最短的时间内释放最多的商品信息，让用户快速了解商品的核心信息。讲解商品时，主播要控制好节奏语速，重体力与重脑力相结合才能更好地展现商品的优势。

2. 提炼话术，提高用户黏性

话术是直播间最有力的武器，直播间的话术具有一定的技巧性，主要分为以下几种：

（1）催单话术。催单话术的关键就是要营造抢购的氛围，给用户发出行动指令，让用户产生一种现在不买就错失了优惠的感觉，给用户制造紧迫感，促使他们下单购买。

（2）互动话术。直播间要想留住人促成转化，就必须让直播间粉丝参与进来，与主播产生互动，聊天。因此，在开播时，要基于开播目的，尽量引导用户进行有效互动，比如点赞、评论、关注、亮灯牌、加入粉丝团等相对来说是最简单，也是性价比最高的方式之一。

（3）商品介绍话术。在描述商品的时候，切记不要使用一些非常平淡的语言，比如，"我们家商品真的很好用啊！"这样的话术就太过于平淡。描述商品时要形象化，比如：描述口红是苹果红，可以说有点像宣纸抿出来的颜色；描述菜品时，可以说这道菜有点像妈妈做的菜，非常温暖。

（4）成交话术。成交时要打消用户顾虑。主播在直播间现场试用商品，分享使用体验与效果，验证商品的功效，这样才有足够的说服力，才能让粉丝信服，购买商品。同时还要描述出商品的使用需求和购买需求，营造出一种限时限量的稀缺感。

3. 分析数据，调整运营

主播要对数据敏感，分析数据，总结数据，从前期的直播排期、选品组货、脚本策划，到各部门的联动沟通、玩法设计、推广，直播中的数据监测、策略调整，直播后的数据复盘、优化迭代等事项，都离不开直播运营的统筹安排。

4. 把控节奏，灵活调整

节奏的把控对于一场直播来说是非常重要的，可以直接影响到转化率以及最终的成交额。场控其实就是节奏大师，主播要根据直播间实时数据来调整主播的讲解节奏，比如直播间突然涌入一波流量，场控就需要提醒主播改变话术，抓住时机讲解爆品或发福袋留人。

数据指标拓展

页面浏览量（Page View，PV）也可以称为点击量，用户每访问直播间一次就被记录一次 PV，用户累计访问同一页面，访问量累计。

独立访客（Unique Visitor，UV）是指独立访问直播间的人数，在同一天内多次进入直播间的用户只被记录一次 UV。

任务拓展

温碧泉美妆直播间一场直播下来，获取了较高的人气，引导多数用户加入了粉丝团，从而新增了很多粉丝。请同学们运用所学知识，说明如何将这些粉丝升级为忠实粉丝。

任务评价

直播复盘任务评价表

评价维度	评价内容	评价量规	评价	得分
价值观与情感态度	具备良好的职业情感和服务意识	三级		
	具备创新意识，有具体的创新事件	三级		
	具备人员分工意识、团队精神、任务执行力	三级		
过程与方法	具备信息化技术素养，能够完成信息收集、整理和分析工作	三级		
	具备团队管理、时间管理等管理技巧	是否		
	执行工作规范情况	是否		
知识与技能	了解直播复盘的相关数据指标	是否		
	学会查看并分析数据	是否		
	能根据相关数据制定优化直播间的方法	三级		
说明	三级等级评定赋分规则：一级至三级分别为 1 分、2 分、3 分；是否赋分规则："是"为 1 分，"否"为 0 分			

素 养 课 堂

新青年让正能量的种子在直播行业生根发芽

　　近年来，我国电商直播行业迎来蓬勃发展的黄金期。惠民、利民、便民，让亿万人民在共享互联网发展成果上有了更多获得感与幸福感，但直播中有时也会传播一些负能量的信息。主播行业的兴起，涌现出了越来越多的网红，一大批青年成为主播的主力军。党的二十大报告中明确提出："青年强，则国家强。当代中国青年生逢其时，施展才干的舞台无比广阔，实现梦想的前景无比光明。""广大青年要坚定不移听党话、跟党走，怀抱梦想又脚踏实地，敢想敢为又善作善成，立志做有理想、敢担当、能吃苦、肯奋斗的新时代好青年，让青春在全面建设社会主义现代化国家的火热实践中绽放绚丽之花。"当代青年在利用直播实现公益帮扶、乡村振兴、文化宣传的同时，让正能量的种子在直播行业生根发芽。

项目六

客户服务

项目综述

在网店的经营过程中，网店客服是唯一能和客户直接沟通的岗位，他们的沟通技巧、询单转化是影响店铺销量的重要因素，解决顾客问题的态度、时效和专业性也是影响顾客购物体验的重要因素。因此，店铺会设置售前和售后客服，以应对在销售过程中顾客所咨询的不同问题，同时，对在交易过程中积累的顾客群体进行客户关系的管理。由此可见，客户服务是店铺运营过程中的重要一环，如何搭建客服团队，明确工作流程与分工，细化客户关系的管理呢？

让我们一起走进项目六，学习客户服务的工作吧！

知识目标

1. 了解售前客服的工作内容；
2. 熟悉售后客服的工作内容；
3. 了解客户关系管理的基础。

技能目标

1. 熟悉售前客服销售技巧；
2. 掌握售前客服相关话术；
3. 了解售前客服应具备的催付技巧；

4. 掌握售后服务的注意事项；

5. 掌握售后纠纷处理的技巧；

6. 掌握如何做好客户关系管理。

情感目标

1. 具有良好的行为规范和职业素养，树立正确的世界观、人生观、价值观；

2. 具有较好的创新思维能力和解决问题的能力；

3. 具有较好的学习能力和良好的工作态度；

4. 具有良好的口头与书面表达能力、人际沟通能力和团队合作能力；

5. 具有良好的遵纪守法意识。

任务一 售前服务流程

任务描述

作为与顾客沟通的第一桥梁，网店客服在商品销售中起着不可忽视的作用。如何做好售前及售后客户服务，如何进行客户关系管理是客服人员必须认真学习的内容。今天我们要学习售前服务的第一个任务——售前客服流程，和大家一起了解如何进行售前接待、协助催付和商品关联销售技巧。

任务实施

活动一 售前接待

活动准备

售前客服在工作中，与顾客的对话中大部分的内容都与店铺商品有关，有些顾客甚至会提出专业的商品问题。因此在售前客服工作前，首先应当对店铺的商品有完整的了解。本次任务以店铺商品为例，作为售前客服，应在以下几方面了解商品相关知识。

1.商品基础知识

商品基础知识包括商品规格、商品基本属性、商品的安装和使用方式以及商品的维护与保养等。

（1）商品规格。商品规格指的是商品的外观、颜色、尺码等反映商品品质的主要指标。以店铺商品运动鞋为例，如图 6-1-1 所示，此款运动鞋为女款运动鞋，图中介绍了尺码和颜色，尺码为 35 ~ 40 码，颜色分为黑色和米色。

（2）商品基本属性。商品基本属性包括商品的产地、成分、材质和含量等（图 6-1-2）。由于线上购物的限制性，顾客往往无法亲眼看见商品的基本情况，因此经常通过客服对商品的一些基本属性进行询问，以确认是否是自己想要的商品。

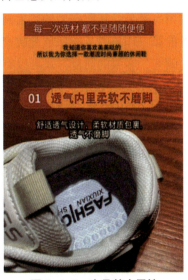

图 6-1-1　商品规格　　　　　　图 6-1-2　商品基本属性

（3）商品的安装和使用方式。有些商品需要顾客自己安装，顾客在购买前后会对商品的安装方式和使用方法产生疑问，此时客服就需熟练掌握此类知识，在顾客进行询问时运用文字、图片和操作视频进行解释，减少不必要的矛盾。

（4）商品的维护与保养。客服在顾客购买时对商品的保养与维护进行说明，能很大程度上展现客服的专业性，增强顾客对客服的信任感。顾客对商品的保养与维护，也能延长商品的使用寿命，加强顾客对商品和店铺的信赖。

2.商品周边知识

商品周边知识是指与商品没有直接关系，但在一定程度上能影响顾客的选择，加深商品认知度的知识。

活动实施

接待工作是售前客服每天需要完成的主要工作。售前接待的完整流程一般为：进店向顾客问好，挖掘顾客需求，向顾客推荐商品，促成订单交易，进行订单确认，备注交接信息，最后礼貌告别。客服通过这一系列的服务流程，让顾客完成下单。下面以店铺商品运动鞋为例，完成售前客服流程。

售前接待

步骤一：进店向顾客问好

给顾客留下良好的第一印象是成功沟通的基础。当顾客进行询问时，进店问好是客服面对顾客的第一环节，客服态度的优劣甚至能影响顾客对店铺的评价。当客服给顾客留有热情且迅速的第一印象时，能保证此次交易的顺利进行，反之则会导致顾客的流失。针对不同类型的顾客，客服的回复方式可以有所不同。

对进店咨询的顾客表示欢迎，客服的回复可以为："您好，欢迎光临陶然家居，我是客服陶陶，很高兴为您服务，请问有什么可以为您效劳的吗？"

客服可以通过介绍优惠活动和商品等方式进行回复，更好地吸引顾客的关注，为之后引导顾客下单进行铺垫。在此过程中，客服通过灵活运用旺旺表情，让回复更加生动，也能拉进客服与顾客之间的距离。例如：

亲，您好！欢迎光临陶然家居！我是您的客服代表陶陶，非常高兴为您服务！您是想了解这款运动鞋的情况吗？

欢迎您光临本店！陶然家居年货节活动优惠价到！

活动时间：12月29日20点－1月4日。

大额店铺优惠券、限时折扣专区等优惠多多，详情可以咨询客服或戳下方链接。

步骤二：挖掘顾客需求

这一阶段的顾客可以分为两种不同类型：购买目标明确的顾客和购买目标不明确的顾客。

（1）购买目标明确的顾客：当顾客目标明确时，可以根据顾客提供的信息，进行精准推荐。这样既能节省客服回复的时间，减少多次询问给顾客带来的烦躁感，也能为顾客快速确定要购买的商品并引导顾客立即下单。

（2）目标不明确的顾客：当顾客对自己的需求不明确时，客服可以通过对顾客的询问，来判断顾客的需求，从而达到对产品精准推荐的目的。同时，客服还可以通过查看顾客资料，结合顾客所给信息，对其购买方向做进一步的判断。例如：

客服：亲亲是买来送人还是自用呢？

顾客：我买来送妹妹的。

客服：亲亲方便告诉我妹妹的年龄和喜欢的款式吗？

步骤三: 向顾客推荐商品

（1）按照顾客需求推荐商品。客服在具体了解顾客需求之后，就可以向顾客推荐商品了。在推荐期间，客服要立足于顾客的需求点，协助顾客进行挑选。

（2）推荐关联商品。在顾客确定商品之后，客服可以根据已确定的商品进行关联销售，提升客单价。例如，当顾客购买运动鞋时，客服可以根据顾客购买的商品，推荐运动袜来进行搭配，适当给出效果图，促使顾客下单；或者根据店铺的活动，从顾客的角度出发，为顾客进行优惠搭配，让顾客获得更好的购物体验。

例如："亲亲可以看下我们店铺这款太阳镜哦，这款太阳镜外观时尚、大方，采用了最新的防紫外线技术防晒效果很好，非常适合夏天去郊游或去海边度假时佩戴。"

步骤四: 促成订单交易

（1）解除顾客疑虑，引导顾客下单。在沟通的过程中，顾客出于各种原因，往往会对下单或付款产生一些迟疑，例如对商品的质量、尺码、价格等产生疑虑，或者对商品的物流、售后等产生疑虑，此时，客服要尽快主动对顾客进行询问，了解顾客没有下单或付款的原因，让顾客尽快完成订单。

例如，当顾客未下单时，客服可以向顾客询问："亲您好，请问您对这款商品还有什么疑问吗？商品是有 7 天无理由退换货服务的，您如果喜欢的话要尽快下单哦，活动快要截止了呢！"

（2）当顾客完成下单但未付款时，客服可以向顾客提醒："亲，查看到您的订单还没有完成付款，您如果遇到什么问题可以随时向我咨询哦！活动时间有限，亲尽快下单哦！"

步骤五: 进行订单确认

（1）在顾客下单后，客服就需要核对顾客的商品信息、数量、收件人、收货地址，以免出现差错造成不必要的麻烦，如图 6-1-3 和图 6-1-4 所示。

图 6-1-3　顾客信息确认设置

图6-1-4　顾客信息确认

（2）当顾客需要备注时，一定要及时备注并与顾客确认。同时，也需要与其他部门交接好。

步骤六：最后礼貌告别

售前客服在完成以上工作后，无论顾客下单与否，都需要主动与顾客告别，给顾客留下好的印象。在告别时，还可以建议顾客收藏店铺，不错过后期的优惠活动，这样既能增加店铺的粉丝量，也能让顾客在之后的浏览中看到甚至快速找到店铺。例如：

当顾客下单时："收到货后，如果您对我们的产品和服务感到满意，请帮我们及时确认收货，并给到我们5星的鼓励，即可升级为本店VIP，享受会员折扣待遇和专场优惠！若有任何不满，可以随时联系我们，我们一定竭尽全力，让您满意！"

当顾客未下单时："亲，您可以对产品进行加购，后期有活动会第一时间提醒您的，或者关注我们的店铺，第一时间了解我们的活动哟！"

什么是FAB法则

FAB法则，即属性、作用、益处的法则。FAB对应是三个英文单词：Feature、Advantage和Benefit。按照这样的顺序来介绍，就是说服性演讲的结构。针对客户需求和意向，进行有选择、有逻辑、有目的的逐条说服，让客户相信你的商品是值得购买的。例如，按照FAB法则来介绍一款运动鞋，客服可以回复：这款运动鞋外部为PU材质，鞋底为橡胶大底（属性），具有鞋头显脚小、款式时尚好搭配的特点（作用），而且鞋子内里舒适透气，柔软不磨脚，走路时间长也不会累（益处）。

活动二　协助催付

活动准备

作为售前客服，在进行催付前，应该了解在千牛平台如何找到需要进行催付的订单。具体操作如下：

（1）进入千牛卖家工作台首页后，单击左侧列表中"交易管理"选项下的"已卖出的宝贝"选项；单击页面中"等待买家付款"选项，所有的未付款买家都将会显示在页面中，如图6-1-5所示。

图 6-1-5　千牛买家平台页面

（2）如果订单量较大，可以单击"已卖出的宝贝"页面中的"批量导出"按钮，然后在展开的列表中单击"生成报表"选项，进行批量下载，如图6-1-6所示。

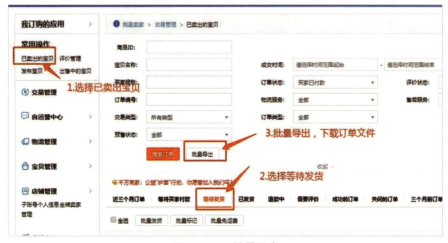

图 6-1-6　批量导出

（3）在催付前，客服也可以通过千牛卖家工作台对催付话术进行设置，并统一进行催付，如图6-1-7所示。

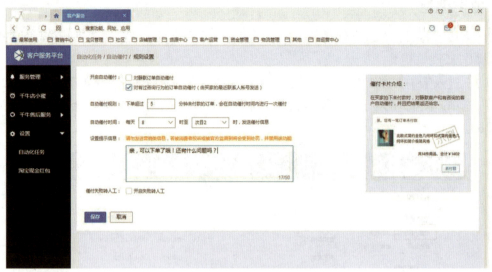

图6-1-7　催付设置页面

活动实施

顾客与客服进行沟通后，拍下商品但未付款，说明顾客对商品仍有疑虑，这时客服就需要进行催付。下面我们来学习客服进行催付的内容。

协助催付

步骤一：了解产生催付的原因

客服在进行催付前，需要先分析顾客拍下订单但不付款的原因，在清楚原因后对症下药，化解顾客疑虑，达到最终付款的目的。那么顾客不付款可能有哪些疑虑呢？

1.顾客对商品有疑虑

顾客在购买期间，无法亲眼看到商品或直观感受到商品本身，对商品的质量、外观、尺码等产生怀疑。此时，客服需要在沟通时，准确地描述商品的功能、材质、使用方式、外观等，让顾客对商品有更加直观的感觉。同时，客服还可以提供相关的质检报告和顾客好评，来打消顾客对商品质量的疑虑。如果是7天无理由退换货商品，客服还可以说明这点，让顾客放心购买。例如：

亲亲您好，您的眼光真好，这款商品是我们店铺的爆款商品，销量非常好的，用过的顾客都给出了很好的评价！而且今晚前1 000名下单还有5折优惠哦，不要错过了呀！

2.顾客对价格有疑虑

当顾客开始议价时，说明商品的价格超出顾客的心理价位或者顾客有想占小便宜的心理。针对这类顾客，客服可以通过赠送小礼物或者升级为网店 VIP 的方式来满足顾客心理，或者试探顾客的心理价位，加以协商，达到催付的最终目的。除此之外，当商品实行价保服务时，也可以告知顾客，在一定期限内会进行价保，如果出现降价可以实行退差价处理，让顾客买得更加放心。例如：

亲亲，不好意思哦，陶陶的权限有限，只能给您这个优惠价格了，不过您是老客户，我可以向主管申请一下，送小礼物给您，这已经是陶陶做到的最好的优惠条件了呢。

3. 顾客对售后有疑虑

顾客通常会担心收到货之后不满意或不合适，或者对商品的售后服务是否达到自己预期等产生疑虑，所以客服在销售过程中应如实描述，不要轻易对顾客做出承诺。例如：

顾客：如果在买完后出现质量问题怎么办？你们有没有保修服务？

陶陶：亲您好，我们这款产品在出厂前是经过严格检验的，商品质量是有保证的哦，如果亲亲到手的商品出现问题，请立即联系我们，我们会立马给您进行更换。

4. 其他原因

除了以上原因，还有可能出现拍错了、拍下后改价等情况出现。针对这类情况，客服需要根据顾客需求，主动为顾客解决问题，让顾客感受到客服的热情和专业性。

步骤二：了解催付的技巧和方式

1. 自报家门，主动出击

客服催付一般需要客服主动联络顾客，因此话语不能太唐突，应该先自报家门，既给顾客一个提醒，也给顾客留下一个良好的印象。例如：

客服：您好，我是陶然家居店铺的客服陶陶，您 ××（时间）在我们店铺拍了 ××（具体产品），您还有印象吗？

顾客：有什么问题吗？

客服：是这样的，我们看到您还没有支付呢，这个宝贝很热销的，同一时间很多买家购买，您的眼光真好，不知道是什么原因没有完成付款呢？有没有需要我帮助的地方？

2. 确认订单信息后促进顾客支付

当顾客表示确认订单后，客服要积极地进行回应，可以通过表示尽快安排发货、活动时间有限等方式来促进顾客进行支付。当顾客表示想取消订单时，客服要尽可能地询问顾客不想付款的原因，并进行分析，来说服顾客取消订单的念头。例如：

顾客：好的。我马上就付款。

客服：亲爱的，那您付好后联系我，我马上给您安排发货哦！

顾客：不好意思，那个我不想要了。

客服：没关系的亲！请问是什么原因不想买了呢？很多买家在同一时间选择了此款产品。您的眼光非常好呢！要不要再考虑看看。我们店铺支持7天无理退货的，还有大促满200减30的活动，现在确认购买还有小礼品赠送呢。

3. 通过委婉的提醒让顾客付款

顾客未付款的原因有很多种，客服可以通过巧妙而委婉的方式提醒顾客付款，不仅不会让顾客反感，还能让他们爽快下单。例如：

亲亲您好，我们已经安排发货了，看见您的订单还没有支付，友情提醒您，现在付款可以优先发货，还可以收到精美小礼品哦！

4. 读懂顾客，对症下药

顾客的消费心理多种多样，有的想要更好的商品质量和服务，有的则想要以更低的价格买到商品，针对顾客的消费心理，客服需要对症下药，让催付变得更有力度。例如：

您好，您在店铺拍下的商品还没有付款，因为您是老顾客，我们特地为您向店长申请了VIP价格，比您拍的时候降了很多哦，喜欢就赶紧带回家吧！

步骤三：了解催付注意事项

在催付过程中，客服需要注意催付的时间和频率。时间需要根据顾客的作息，频率也不应该太高。

1. 时间

客服需要根据具体情况进行催付，客服在催付时，应注意催付时间（表6-1-1）。如果没有注意时间，反而会引起顾客反感情绪，造成不好印象，甚至取消订单。

表6-1-1　催付时间表

下单时间	催付时间
上午单	当日12点之前
下午单	当日16点之前
傍晚单	当日22点之前
半夜单	次日10点之后

2. 频率

在进行催付时，也应控制好频率，不要过于频繁，避免反复催付。如果顾客实在不想购买，客服则应转换方式，给顾客留下好的印象，等待顾客下次光临。针对老顾客，还可以通过询问商品使用感的方式，进行顾客关怀，提高顾客黏度，为下一次顾客下单做好准备工作。

什么是价保服务

　　为保障消费者在天猫及营销平台（即聚划算、百亿补贴和天天特卖，以下与天猫可统称为"各平台"）的购物体验，当消费者通过各平台购买有指定价保服务标识（如"15 天价保""全程价保""30 天价保""价保服务"等，以实际展示为准）的实物商品后，在价保期内，若同一商家的该同一商品出现降价，则消费者可申请价保补差（特殊情形除外），各平台价保系统将根据本规则计算差价额度并实现向消费者的差价补/退。

活动三　商品关联销售技巧

活动准备

　　关联销售也被称为连带销售，其本质就是在交易双方互利互赢的基础上，将店铺中与顾客所购买商品具有关联性或相关性的商品销售给顾客，实现售出两件或两件以上的商品。关联销售可以帮助售前客服提高转化率，降低推广成本，增加商品曝光率及测试商品等。

活动实施

　　为了提高客单价，客服往往在顾客询单期间进行关联商品的销售。关联型商品可以分为以下几类：替补型关联商品、互补型关联商品以及无关联型商品。

步骤一：替补型商品关联销售技巧

　　这类商品是指商品的属性、外观、使用方式在一定程度上具有相似性，当客服了解了顾客的需求后，可以有针对性地推荐替补型商品让顾客进行选购。

步骤二：互补型商品关联销售技巧

　　顾客在确定下单商品后，客服可以根据下单商品的属性，推荐与其搭配的商品。例如，顾客购买运动鞋时，客服可以推荐运动袜、运动裤等可以搭配的商品。

步骤三：无关联型商品销售技巧

　　这类商品的搭配没有固定方式，可以根据顾客的购物习惯进行搭配，也可以根据商品热卖程度向顾客推荐。

任务拓展

图 6-1-8 和图 6-1-9 所示为客服对话场景，请同学们分析客服所用的回复方式是否正确，如有不当，该如何改正。

图 6-1-8　场景 1

图 6-1-9　场景 2

任务评价

售前客服流程任务评价表

评价维度	评价内容	评价量规	评价	得分
价值观与情感态度	具备良好的职业情感和服务意识	三级		
	具备创新意识，有具体的创新事件	三级		
	具备人员分工意识、团队精神、任务执行力	三级		
过程与方法	具备售前客服素养，能够熟悉售前客服流程、协助催付工作	三级		
	具备团队管理、时间管理等管理技巧	是否		
	执行工作规范情况	是否		

续表

评价维度	评价内容	评价量规	评价	得分
知识与技能	了解售前客服的工作流程	是否		
	掌握售前客服的催付方式	是否		
	能很好地完成售前客服的工作内容	三级		
说明	三级等级评定赋分规则：一级至三级分别为1分、2分、3分；是否赋分规则："是"为1分，"否"为0分			

任务二　售后服务流程

任务描述

　　在整个交易过程中，售后服务是非常重要的过程之一，既是客服工作的重点，也是难点，售后服务的优劣将影响顾客的满意程度，好的售后服务可以增加店铺与顾客直接的信任度和黏度。因此需要了解售后服务的本质、售后服务的注意事项、正常退换货和售后纠纷处理的措施。

任务实施

活动一　售后服务的本质

活动准备

　　售后服务是指在顾客收到货物之后，商家所提供的一系列服务，包括商品、物流等造成的问题。从销售工作来看，售后服务本身也是一种促销手段。在追踪跟进阶段，售后客服人员要采取各种形式配合销售，通过售后服务来提高店铺的信誉，扩大商品的市场占有率，提高销售工作的效率及效益。

活动实施

步骤一：了解售后服务的作用

在正式进入售后服务的具体流程之前，先来了解一下售后服务为什么在店铺交易过程当中起着至关重要的作用。

1. 提高商品价值

当下市场竞争越来越激烈，商品的售后服务成为整个商品价值中不可或缺的一部分，大多数顾客都愿意为优秀的售后服务买单。高质量的售后服能够有效地提升商品的价值属性。

2. 获取优秀口碑

口碑营销是现下互联网商业环境中最重要的营销方式之一。好的售后服务能够让店铺在顾客中建立起优秀口碑，进而提升商品销量，达到间接推广的目的。同时，有保障的售后服务能更加刺激顾客购买的欲望，让还在犹豫的顾客更快下单。

3. 提升复购率

当顾客在首次购买期间出现不满意的体验时，大部分顾客会在第一时间联系客服。因此，售后客服在此时就起到了至关重要的作用。客服对顾客问题的解决，既能消除之前的不愉快，还能加深顾客对店铺的信赖度，将顾客转化为店铺的忠实粉丝，为之后的销售工作做好铺垫，从而提高顾客的重复购买率。

4. 降低对店铺的负面影响

当店铺售后服务不到位或者没有售后服务时，会带来很多中差评。而中差评不仅会影响店铺的评分、权重排名，还会造成商品销量下降、顾客信任感丧失等，严重情况下甚至会导致店铺降权、商品下架、扣分、限制等。所以，控制好售后服务质量，把负面影响降低，才能让店铺的运转向更好的方向前进。

步骤二：了解售后服务的注意事项

售后服务作为交易流程中最后的工作部分，总是会碰到各种令人头疼的售后问题。因此，客服在进行售后服务的时候，难免会因为顾客各种抱怨和投诉等负面情绪，影响售后工作。那么，如何更好地做好售后服务，就需要注意以下几点：

1. 立即道歉

作为售后客服，面对顾客的第一步就是道歉。顾客在面对客服的第一时间情绪是负面的，客服的道歉能有效地安抚顾客的情绪，表明自己诚恳的态度，让顾客在道歉中感受到客服被重视和尊重，从而为之后的有效沟通做好铺垫工作。例如：

客服：亲亲，您好，我是您的售后客服陶陶，有什么问题需要我为您解答呢？

顾客：你家卖的什么东西啊！吹风机才用了两天就坏了，质量也太差了吧！

客服：给您带来的困扰真的很抱歉，您能跟我说一下具体的细节吗？

顾客：就是吹着吹着突然就停了，我要退货！

客服：亲亲，请您放心哦，如果是我们的质量问题，这边一定会为您处理好的。您能拍张有问题的图片发给我们吗，陶陶这边需要先进行登记呢。

从以上案例中不难看出，顾客的负面情绪是因对商品不满导致的，客服的致歉话语在缓和顾客情绪的同时，也让客服在一定程度上进一步了解顾客产生负面情绪的原因，对话题的进行有一定帮助。

2.缓和顾客情绪

在面对负面情绪的顾客时，客服需要营造轻松、平和的对话氛围，才能让顾客心平气和地进行沟通，从而达到解决问题的最终目的。因此，客服可以从以下几点来缓和沟通氛围：

（1）理性思考。首先，高职业素养的客服在处理问题时，必须不受顾客的影响，保持理性的思维和平和的情绪，这样的状态能够让客服更好地面对问题、解决问题，而客服的冷静，也能一定程度上影响顾客的情绪。

例如："亲亲，您对产品质量上哪里不满呢，可以告诉我吗？是材质还是做工上呢？"

（2）避免反复催促。售后客服在沟通期间需要避免反复催促顾客，反复的催促既会显得自己的语气和态度没有耐心，也会使顾客的情绪更加不悦，对问题的解决没有丝毫好处。

例如："您再试试吧，是不是哪里没做到位？是不是操作不正确？"

（3）避免出现争吵。顾客在找到售后客服的时候，情绪已经处于负面状态，因此，客服需要理解顾客的不悦，不能和顾客争吵，以便更好地解决问题。

例如："亲爱的，我们出厂的产品是经过反复检查和确认的，您再检查一下是不是真的出现少件的情况。"

售后处理技巧总结

快速反应态度好，认真倾听表诚意，安抚解释有技巧，诚恳道歉求谅解，补救建议坚决要，执行措施要及时，及时跟进求反馈。

活动二 正常退换货

活动准备

在客服人员的工作中，客户退换货是不可避免的情况。作为客服人员，应该了解退换货流程，提前清楚地告诉客户，在什么条件下可以退货，往返运费由谁来承担，否则客户会因为不清楚退货的条件而犹豫是否购买。退换货流程如图 6-2-1 所示。

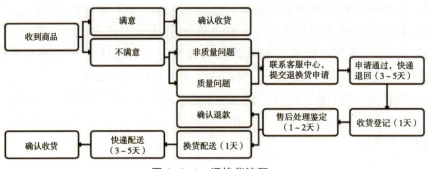

图 6-2-1　退换货流程

一般来说，退换货信息都会包含在商品详情页中，如图 6-2-2 所示。

图 6-2-2　退换货信息

活动实施

顾客在收到货物之后，由于商品的大小、色差、款式，或者发错、发漏，以及 7 天无理由退货等，要求商家进行退换货，都属于正常售后问题。发生这类情况，顾客仍愿意通过协调的方式加以解决。下面以店铺商品吹风机为例，完成售后客服的退换货流程。

售后服务的本质
与注意事项

步骤一：退换货问题的处理

1. 退换货

当顾客在收到货物后出现发错货、商品质量问题、7 天无理由退换货等情况，就会出现退换货要求。客服在收到退换货要求后，先查明退换货原因，在顾客符合换货条件的情况下，立即为顾客进行退换货。例如：

顾客：我拍的是黑色，怎么收到的是紫色？

客服：亲亲，真是很抱歉！麻烦您先拍个照片给我看一下，如果是发错的话，我这边马上安排给您发黑色款，也请您将紫色款退回给可以吗？邮费由我们出，麻烦您了呢！

步骤二：了解退换货产生的原因

顾客可能会出现退换货的原因有哪些呢？

（1）主观原因：不喜欢／不想要、拍错了、多拍了。

（2）商品原因：大小尺寸与商品描述不符，颜色／图案／款式不符，材质与商品描述不符，做工粗糙／有瑕疵，质量问题，少件（含缺少配件），卖家发错货，假冒品牌。

（3）物流原因：退运费，空包裹，未按约定时间发货，快递／物流一直未送到，快递／物流无跟踪记录，货物破损已拒签，收到商品时有破损／污渍／变形。

（4）其他原因：发票问题，7 天无理由退换货。

步骤三：了解退换货处理的方式

作为售后客服，当出现退换货时，应当如何妥善进行处理？

1. 收到货物少件、破损等问题

首先，客服需要顾客提供实物照片确认商品情况，并向物流公司核实是谁签收的货物。如果不是顾客本人签收，且没有顾客的授权，客服可以让顾客直接操作退货退款并联系物流公司协商索赔，避免与顾客发生误会。

2. 描述不符问题

核实商品描述是否有歧义或让人误解的地方，核实是否发错商品。如果是描述有误或发错商品，可以直接与顾客协商解决（如退货退款、部分退款、换货等），避免与顾客之间冲突。

3. 质量问题

联系顾客提供实物图片等，确认问题是否属实，核实进货时的商品是否合格。如果确认商品问题或无法说明商品是否合格，可以直接与顾客协商解决（如退货、退款、部分退款、换货等），避免与顾客发生冲突。

4. 退运费问题

核实发货单上填写的运费是否少于订单中的运费，如果有误，将超出的部分退回给顾客。

步骤四：对退换货的细节进行确认

当客服与顾客协商退换货时，还需要注意一些细节方面的问题。

1. 确认要退回的商品是否影响二次销售

（1）不影响二次销售的商品。在退货前和顾客确认，需要退回的商品是否影响二次销售，包括但不限于是否剪标、洗过、已经使用等，要根据商品的特性来确定。对确定不影

响二次销售的商品，可以直接走标准退货流程。在收到退货后，也需要检查商品的完整性。

（2）影响二次销售的商品。还有一部分顾客的退货商品，在退货前确认后，发现影响二次销售不能进行退货，这时候作为售后客服要注意安抚顾客情绪，讲清楚不能退换货的缘由。此外，当顾客无法接受甚至想要投诉时，客服最好提出其他补偿方案，尽可能地满足顾客需求，以防事态升级。

2. 确认谁来承担运费

退换货中的物流运费由谁承担同样也是一个很敏感的问题。一般情况下，当商品没有运费险时，客服会给出推荐物流及基础运费提示。如果需要由顾客承担退货运费，则应该在沟通时说明，避免造成后续交易的不快。

3. 确认退款的形式

在交易发生退款时，客服需要注意是全额退款还是部分退款。全额退款发生于顾客未收到货物的情况下，需要注意跟踪货物状态，和物流公司保持联系，避免钱货两空；部分退款多发生于商品有差价需要返还，或者顾客收到商品有问题，需要补退差价等情况。客服需要注意在整个售后过程中是否出现顾客垫付某款项的细节，如有垫付发生，需要及时联系沟通，并确认打款账号。

活动三　售后纠纷处理

活动准备

一组有关顾客的调查统计数据显示，当顾客对商品不满意，也不投诉时，会再次购买的只有 9%；顾客投诉但没得到妥善解决，会再次购买的有 19%；顾客投诉并得到解决，会再次购买的有 44%；顾客投诉得到迅速解决的，则会有 82% 的顾客会回购。作为售后客服，对售后纠纷进行处理是日常工作中的重要内容，也是影响顾客是否回购的关键因素之一。

活动实施

在售后服务中，除了正常的售后服务处理，还可以针对店铺的行为发起投诉，这种情况的出现是双方协商无果导致的。当店铺出现纠纷时，客服应当先确认纠纷出现的原因，根据具体的原因提出解决方案。

售后纠纷处理

步骤一：了解产生纠纷的原因

店铺被投诉的本质其实是顾客通过淘宝官方的介入来解决两者无法协商的行为。对于商铺来说，一旦淘宝进行介入并判定店铺为过错方，店铺将会面临扣分或者惩罚。因此，客服首先需要了解出现纠纷的原因，并在之后的交易过程中尽量避免。

1. 商品质量问题

商品质量问题是容易出现纠纷的问题之一，在质量问题方面，会有以下几点产生纠纷：

（1）商品外观质量。顾客在收到商品之后，会通过肉眼对商品的外观进行判断，当商品的颜色出现色差、局部出现瑕疵等情况发生时，就可能会出现纠纷。

（2）商品使用质量。顾客在收到商品后，可能会在使用中出现一些质量问题。例如，吹风机出现商品质量时，可能会出现噪声大、无法启动等方面的问题。

2. 商品价格问题

商品价格是顾客在购物过程中关注的重点之一，当顾客购买商品后出现突然的大幅度降价时，心中会产生强烈的不满，并要求店铺补差价，严重的时候可能还会投诉店铺。因此，在顾客购买时，客服应该提前将店铺活动告知顾客，避免出现因价格问题造成的纠纷。

3. 物流问题

当出现延迟发货、物流速度太慢、包裹破损、丢件等情况时，也可能引发纠纷。

4. 缺货、断货问题

当店铺出现因补货不足而产生断缺货或者在活动中因销量大而出现断货时，顾客在拍下商品后发现没有货，会造成顾客的不满。因此，在出现此类情况时，客服应及时与顾客联系，及时进行换货、退款，以免造成不必要的纠纷。例如：

客服：亲，您刚才拍下的商品已经没有现货了，您要不要考虑以下几款商品，和您拍下的商品款式价格都差不多，其中有一款的性能更好呢！

顾客：真的吗，我来看看，如果真的比我拍的好那我换这个款式。

步骤二：了解处理纠纷的流程

纠纷处理是客服工作中非常考验能力的内容之一，客服通过对纠纷的处理，能够锻炼心理承受能力和应变能力。下面我们了解一下处理纠纷的流程。

1. 联系顾客

客服在查看纠纷记录后，应主动联系顾客，首先致歉，并倾听顾客的问题。顾客的倾诉也是情绪的发泄，客服在倾听当中也能判断问题的起因，对其进行分析，从而找到解决纠纷的办法。

2. 针对问题提出解决方案

在了解顾客投诉的原因后，就需要针对问题提出解决方案，必要时，还可以给顾客一些好处或优惠，来挽回店铺的口碑。这一步也是处理纠纷的关键。

3.做好记录

在与顾客最终达成一致后，客服需要对情况和解决方案进行记录，既是为了积累售后服务经验，也可以对问题进行收集和分类，进而做到改善。

顾客投诉的"是"与"非"

没有接到顾客投诉或者投诉率低，并不表示该企业的商品或服务比较好，而往往只是因为顾客不认为通过投诉可以解决问题，所以他们不会选择主动投诉，而是不再回购，同时将其对商品或服务的不满传递给身边十个或更多的顾客，这种不良口碑的传递也就随之会影响企业的声誉与形象。相反，对于选择投诉的顾客，表明顾客希望企业能够改进，能提供更好的商品和服务。通过顾客投诉的受理，不仅可以了解顾客的需求与意愿，同时也能够再次发现商品或服务存在的不足和问题，不断地改进，进一步积累顾客群。

任务拓展

根据以下资料，进行情景模拟和操作。

陶陶、然然和昕昕作为售后客服，在经营网店的过程中总有这样或那样的问题引起顾客的中差评纠纷。他们三人分工明确，陶陶主要负责售后处理及跟进的问题。

有一次，一位顾客在他们店里购买了一件衣服后，给了一个差评，具体内容是这样的："货不对版，与图片差异太大。"

（1）如果你是陶陶，你将会如何处理？

（2）简单描述一下你让顾客把"差评"改为"好评"的流程。

任务评价

售后问题管理任务评价表

评价维度	评价内容	评价量规	评价	得分
价值观与情感态度	具备良好的职业情感和服务意识	三级		
	具备创新意识，有具体的创新事件	三级		
	具备人员分工意识、团队精神、任务执行力	三级		

续表

评价维度	评价内容	评价量规	评价	得分
过程与方法	具备售后客服素养，能够熟悉售后问题的处理方式工作	三级		
	具备团队管理、时间管理等管理技巧	是否		
	执行工作规范情况	是否		
知识与技能	了解售后问题管理的基本内容	是否		
	掌握售后纠纷处理的技巧	是否		
	能很好地完成中差评处理	三级		
说明	三级等级评定赋分规则：一级至三级分别为 1 分、2 分、3 分；是否赋分规则："是"为 1 分，"否"为 0 分			

任务三 客户关系管理

任务描述

客户关系管理是指通过不断挖掘客户数据，加强客户交流，了解客户需求，从而提高客户满意度，开发客户价值的过程。对于客服而言，需要了解客户的性别、年龄、职业、地域等各种相关信息，并对这些信息进行统一管理和分析，如此才能精准地对其进行关怀和营销。

任务实施

活动一 如何做好客户关系管理

活动准备

对于一名客服工作人员，淘宝开放平台的客户关系管理软件是不可或缺的存在。除了淘宝提供的会员关系管理功能，其他软件服务商也开发了很多客户关系管理软件，商家可以直接在淘宝中选择和购买，如图 6-3-1 所示。

图 6-3-1　客户关系管理软件

活动实施

步骤一：了解维护好客户关系的方式

做好客户关系管理是客服工作的重要工作之一，细致的客户关系管理能够给客户带来非常好的网购体验。因此，客服可以根据以下六种方式，维护好与顾客之间的关系。

1. 对顾客尽心

客服需要把顾客的利益放在首位，在和顾客沟通时，应尽量满足顾客的合理要求，了解顾客需求，站在顾客的角度推荐商品，让顾客在购物后满意而归。

2. 对顾客真心

在给顾客尽心推荐商品时，应根据顾客情况进行分析。当顾客对自己的需求很明确时，应根据顾客的需求推荐商品；当顾客的需求不是很明确时，应深挖顾客需求，做到有目的的推荐。

3. 让顾客放心

在网购期间，顾客因看不到商品本身而无法判断商品的好坏，客服在介绍商品时，除了对商品的基本信息进行描述，还应对商品的特点、功能、使用方法、注意事项等描述清楚，让顾客对商品有更清楚的认识。这样的介绍更能取得顾客的信任感，让顾客认为你在向他提供更好的服务，而不仅仅是在进行商品的销售。

4. 接受差评

顾客的差评说明商品或服务在一定程度上不能满足顾客需求，当出现差评时，应当虚心接受，认真改正，这样的店铺才能获得顾客的信任。

5. 提醒顾客近期的店铺活动

在店铺搞活动或者上新时，客服应当及时提醒顾客。

6. 优待老顾客

对老顾客的优待能够体现店铺对其重视程度，店铺可以给老顾客提供大额折扣等不一样的活动，让老顾客更好地体验到店铺对他的重视。

步骤二：了解提升顾客回头率的方式

1. 商品

顾客在进店消费时，一定想买到质量好的商品，因此客服需要清楚了解商品的情况，在让顾客明白一分钱一分货的情况下，对店铺的商品做好质量保证，当顾客使用商品后体验感好时，自然而然就会成为店铺的老顾客。

2. 服务

当店铺的服务质量下降时，自然会影响到顾客的购物体验，而客服良好的工作素养和高超的工作技巧能提升顾客的购物体验感，提升顾客再次购买的概率。

3. 促销

各种各样的促销活动是刺激顾客消费的重要因素，当店铺促销活动开始预热和进行时，客服需要及时地将促销信息发送给顾客，吸引顾客回购。

4. 会员

店铺的各种会员优惠也能在一定程度上吸引顾客下单，店铺也可以通过不同的会员活动吸引顾客再次购买。

5. 回访

客服可以通过旺旺、邮件、短信、电话等方式对顾客进行回访，回访不仅能加深顾客对店铺的印象，也体现了店铺对顾客的重视。

活动二　维护好客户关系

活动准备

对于客户关系的维护，客服需要做到线上的及时沟通，更要通过网店专业化的客户关系管理模式，以客户打标签的方式对客户进行分层管理，分析同类客户的购物需求，从而进行精准销售。因此，作为一名优秀的客服，可以通过在客户运营平台中设置 VIP 等级对客户进行分类。

（1）进入"营销中心"—"客户运营平台"—"忠诚度管理"—"VIP 设置"页面，单击"修改设置"选项，如图 6-3-2 和图 6-3-3 所示。

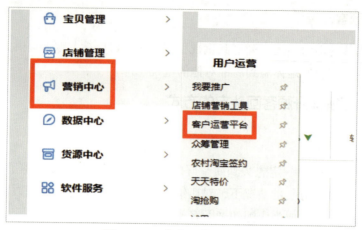

图 6-3-2　客户运营平台页面

图 6-3-3　忠诚度设置页面

（2）设置会员 VIP 等级，最多可以设置四个会员等级。可以以交易额或者交易次数为维度进行设置，需满足"层级等级交易额满足点必须逐级递增"，还可进行会员卡的卡面设计，如图 6-3-4 所示。

		店铺客户	普通会员(VIP1)	高级会员(VIP2)	VIP会员(VIP3)	至尊VIP会员(VIP4)
升级模式		-	自动升级 ☑	不启用该等级	不启用该等级	不启用该等级
满足条件		-	交易额 ¥ ☐ 或 交易次数 1	交易额 ¥ 200 或 交易次数	交易额 ¥ 300 或 交易次数	交易额 ¥ 500 或 交易次数
会员权益	基本优惠	-	折扣 10	折扣 9.8	折扣 9.5	折扣 8.5

⊗ 交易额必须全填或全不填

保存

图 6-3-4　VIP 等级设置页面

（3）在设置完普通会员保存之后，若要设置高级会员，请确保是开启状态，可单击右上角的开关，如图 6-3-5 所示。

图 6-3-5　普通会员和高级会员页面

活动实施

在销售过程中，良好的客户关系对商品销售起着至关重要的作用，也是客服工作的首要目标。客服如果想维护好与客户之间的关系，需要做好以下几个方面的工作：

维护好客户关系

步骤一：了解如何与客户建立信任感

在服务行业中，服务是至关重要的一部分，客服如果想在销售中获得客户的信任感，就需要主动询问客户的想法和需求。客服在日常工作当中，想其所想，感其所需，就能建立与客户之间的信任感，得到客户的喜爱。

步骤二：了解客户忠诚度管理

在客户忠诚度管理方面，客服通过设置客户等级、设置 VIP 客户等方式来实现。

1. 设置客户等级

在设置客户等级时，客服通常将客户划分为可量化的客户价值和不可量化的客户价值。

2. 设置 VIP 会员等级

客服通过运用 RFM 模式，对会员用户进行划分。

步骤三：了解如何维护好客户资源

对于店铺来说，老客户作为一种资源，需要用心维护。因此，客服应针对老客户，采用针对性的营销手段。

1. 上新老客提醒

目前，市场竞争越来越激烈，新客户的营销成本远高于老客户，因此，"上新老客提醒"就是客服用来维护老客户关系的方式之一。这种营销方式，可以增加老客户的回购率，进而增加店铺的销售。

2. 短信营销

除了利用千牛平台，客服还可以运用短信营销，针对指定人群进行优惠券、活动、海报的发送。

3. 优惠券发放

针对老客户，客服还可以通过发放优惠券，提高老客户的复购率。优惠券使用的定向人群包括系统推荐的人群和自定义人群两种。

RFM模型

RFM 模型是衡量客户价值和客户创造利益能力的重要工具和手段。在众多的客户关系管理（CRM）的分析模式中，RFM 模型是被广泛应用的。该模型通过客户的近期购买行为、购买的总体频率以及花了多少钱三项指标来描述该客户的价值状况。RFM 模式主要由三个指标组成：

R（Recency）/ 最后一次消费，是指客户最近一次购买的时间，距离上一次消费时间越近的客户所具备的创利潜力越强。

F（Frequency）/ 消费频率，是指客户在最近一段时间内购买商品的次数，购买频率越高的客户对于店铺发展更有推动力。

M（Monetary）/ 消费金额，是指客户在最近一段时间内购买商品所花费的金额，一般来说，网店 80% 的利润来自 20% 的客户，消费金额越高的客户越值得客服维护。

活动三　打造客户忠诚度

活动准备

在大促结束后，店铺想要针对这次促销对客户做一个市场调查，来了解客户对商品和服务的满意度。作为客服，可以通过什么方式进行市场调查？除了了解客户的满意度，还有哪些内容可以通过市场调查了解？

活动实施

影响客户忠诚度的因素有很多，例如商品的质量、价格、服务等。要想打造客户忠诚度，需要使客户对店铺中的商品或服务产生感情，形成偏爱并重复购买。

打造客户忠诚度

步骤一：打造客户忠诚度

在与客户的交易过程中，客户不仅对商品本身的价值有追求，对商品的精神价值有更高需求。以下是决定客户在交易中满意度的决定因素：

（1）客服服务满意度，包括客服服务是否准确、是否及时、是否可持续等，为客户提供超值的服务。

（2）客服行为满意度，包括客服的行为准则、沟通礼仪等。

（3）商品满意度，包括商品的质量、包装、设计等。

（4）店铺形象满意度，包括店铺网页设计等。

步骤二：了解培养客户忠诚度的方式

客户忠诚度的培养，往往离不开客服良好的服务。

1. 客户关怀

店铺对客户的关怀多种多样，包括售后关怀、情感关怀、节日关怀、促销推送等，客服关怀的程度往往影响客户对店铺的印象，因此在适当时机进行适当关怀不仅能加深客户对品牌和店铺的好感，还能在一定程度上提升复购率。

2. 特权体验

针对少部分客户，客服会有特别的服务工作、特殊的网店优惠等，让这类客户感受到独一无二的体验，例如一对一 VIP 服务、专属优惠等。

CRM软件

　　CRM 软件是管理客户档案、销售线索、销售活动、业务报告、统计销售业绩的先进工具，适合企业销售部门办公和管理使用，可以协助销售人员快速管理客户、销售和业务的重要数据。这是以客户为中心的行销、销售、服务思想的具体体现，以及查看销售人员工作过程和结果的软件，帮助领导了解销售人员的销售技巧和数据的开发情况。CRM 软件根据每个公司具体需求不同也分为不同类型，也可以二次开发定制功能。

任务拓展

　　请同学们了解常用的电子商务 CRM 软件有哪些，完成表 6-3-1 的填写。

表 6-3-1　常用电子商务 CRM 软件

常用电子商务 CRM 软件	具体功能介绍	优势

任务评价

客户关系管理任务评价表

评价维度	评价内容	评价量规	评价	得分
价值观与情感态度	具备良好的职业情感和服务意识	三级		
	具备创新意识，有具体的创新事件	三级		
	具备人员分工意识、团队精神、任务执行力	三级		

续表

评价维度	评价内容	评价量规	评价	得分
过程与方法	具备客服素养，能够熟悉客户关系管理	三级		
	具备团队管理、时间管理等管理技巧	是否		
	执行工作规范情况	是否		
知识与技能	了解客户关系管理基础	是否		
	掌握做好客服关系管理的方式	是否		
	能很好地完成客户关系管理的工作内容	三级		
说明	三级等级评定赋分规则：一级至三级分别为1分、2分、3分；是否赋分规则："是"为1分，"否"为0分			

素养课堂

站稳人民立场，保障消费者权益

党在二十大报告中提出："站稳人民立场、把握人民愿望、尊重人民创造、集中人民智慧，形成为人民所喜爱、所认同、所拥有的理论，使之成为指导人民认识世界和改造世界的强大思想武器。"

随着电子商务的快速普及和发展，电商客服的作用日益突出，在线销售额的不断增加，使得客户服务需求的增长成为必然。电商客服不仅需要及时、准确地回答消费者的疑问，还需要把握客户的意愿，深入了解消费者的需求和诉求，提供个性化的购物建议和推荐，以提高消费者的购物体验。因此，当出现损害消费者权益的情况发生时，电商客服这一职业就需要处理消费者的投诉和纠纷，确保问题得到妥善解决，增强消费者对企业和店铺的信任，通过友好、专业、高效的客服服务增强消费者对企业的好感，积极引导消费者解决问题才是正确的方法和途径，真正做到保障消费者的合法权益。

综上所述，电商客服作为企业与消费者之间的桥梁和纽带，扮演着重要的角色。他们需要站稳人民立场，保障消费者权益，积极引导消费者解决问题，真正做到党在二十大报告中提出的"为人民服务"的宗旨，为构建和谐稳定的社会贡献自己的力量。

参 考 文 献

［1］白东蕊. 网店运营与管理［M］. 北京：人民邮电出版社，2021.

［2］何俊颖. "无货源"电商模式的分析与研究［J］. 现代营销（上），2022（2）：105-107.

［3］刘雯. 商业摄影实战笔记［M］. 北京：化学工业出版社，2016.

［4］吴越. 直播带货中的"角色认同"与消费行为研究［J］. 采写编，2023（12）：190-192.

［5］刘桓，刘莉萍，赵建伟. 网店客服（微课版）［M］. 北京：人民邮电出版社，2019.